AF110326

www.ingramcontent.com/pod-product-compliance
Lightning Source LLC
LaVergne TN
LVHW021302080526
838199LV00090B/5992

9789358726008

پڑوسن کا کوٹ

(تین ڈرامے)

اوپندرناتھ اشک

© Taemeer Publications LLC

Padosan ka Coat *(Dramas)*

by: Upendranath Ashk

Edition: August '2024

Publisher :

Taemeer Publications LLC (Michigan, USA / Hyderabad, India)

ISBN 978-93-5872-600-8

9 789358 726008

مصنف یا ناشر کی پیشگی اجازت کے بغیر اس کتاب کا کوئی بھی حصہ کسی بھی شکل میں بشمول ویب سائٹ پر اَپ لوڈنگ کے لیے استعمال نہ کیا جائے۔ نیز اس کتاب پر کسی بھی قسم کے تنازع کو نمٹانے کا اختیار صرف حیدرآباد (تلنگانہ) کی عدلیہ کو ہو گا۔

© تعمیر پبلی کیشنز

کتاب	:	**پڑوسن کا کوٹ** (ڈرامے)
مصنف	:	**اوپندر ناتھ اشک**
جمع و ترتیب / تدوین	:	سید معز الدین احمد فاروق، اعجاز عبید
صنف	:	ڈراما
ناشر	:	تعمیر پبلی کیشنز (حیدرآباد، انڈیا)
سالِ اشاعت	:	۲۰۲۴ء
صفحات	:	۷۶
سرورق ڈیزائن	:	تعمیر ویب ڈیزائن

فہرست

(۱)	جونک	6
(۲)	ٹرنک کال	32
(۳)	پڑوسن کا کوٹ	50

جونک

افراد : بھولاناتھ

پروفیسر آنند

بنواری

کملا

ایک پنجابی، ایک ہندوستانی، ایک مارواڑی

اور کچھ دوسرے لوگ

پہلا منظر

(وقت: دس بجے دن۔ جگہ بھولاناتھ کے مکان کا ایک کمرہ)

(کمرہ بہت بڑا نہیں اور نہ بہت کشادہ ہے۔ کمرے میں دو چار پائیاں بچھی ہوئی ہیں اور دو کرسیاں اور ایک چھوٹی سی میز بھی رکھی ہے۔ اس لئے اسے سونے کا کمرہ بھی کہہ سکتے ہیں اور ڈرائنگ روم بھی۔ کمرے میں سامان وہی ہے جو کسی عام کلرک، اخبار نویس یا ایسی ہی پوزیشن کے کسی شخص کے ہاں ہو سکتا ہے۔ پردہ اٹھنے پر ہم آنند کو میز کے پاس رکھی کرسی پر بیٹھے ایک اخبار کی ورق گردانی کرتے ہوئے دیکھتے ہیں۔

پروفیسر آنند شکل صورت سے پروفیسر معلوم ہوتے ہیں، یہ بات نہیں۔ جب

سے ہندوستان میں تعلیم کا رواج زیادہ ہوا ہے اور خوراک کا کم، تب سے کالجوں میں ایسے طلبا آنے لگے ہیں جنھیں بقول پطرس آسانی سے ان کی مائیں نصف ٹکٹ لے کر اپنے ساتھ زنانے ڈبے میں بٹھا سکتی ہیں۔ طالب علمی کے زمانے میں پروفیسر آنند شاید اسی قسم کے طالب علم تھے۔ حال ہی میں ایم اے کی ڈگری لے کر انھوں نے پڑھانے کا شغل اختیار کیا ہے اس لئے اس کی عمر یا شکل میں کچھ فرق نہیں ہوا۔ پہلی نظر میں انھیں بآسانی میٹرک کا طالب علم سمجھا جا سکتا ہے۔ اس وقت تو وہ پروفیسر کی پوشاک میں بھی نہیں ہیں۔ ایک تہمد اور قمیض پہنے ہوئے شاید حجامت بنا کر بیٹھے ہیں کیوں کہ صابن کی سفیدی ابھی تک ان کے چہرے پر لگی ہوئی دکھائی دیتی ہے اور میز پر پڑا ہوا حجامت کا کھلا ہوا سامان بھی اس بات کی گواہی دیتا ہے۔

پردہ اٹھنے کے کچھ لمحے کے بعد بھولا ناتھ دائیں طرف کے کمرے سے داخل ہوتا ہے جدھر شاید رسوئی ہے۔ شکل و صورت سے بھی بھولا ناتھ پروفیسر صاحب سے کچھ موٹا تازہ ہے لیکن پروفیسر صاحب کے چہرے سے جو دانشمندی ٹپکتی ہے اس کا وہاں فقدان ہے۔ سیدھا سا آدمی ہے۔ کندھے جھٹکنے کی عادت ہے۔ ایسے مردوں کو بارہا لوگ زن مرید کہہ دیا کرتے ہیں۔ اس وقت اس کے چہرے پر گھبراہٹ جھلک رہی ہے۔ آنند بدستور اخبار دیکھنے میں محو ہے۔)

بھولا ناتھ : (پریشانی سے) یہ پھر آ گیا۔ تم میری مدد کرو۔ آنند۔ خدا کے لئے۔

آنند : (اخبار میز پر رکھ کر) آخر بات کیا ہے؟ گھبرائے ہوئے کیوں ہو؟

(بھولا ناتھ پریشان سا چارپائی پر بیٹھ جاتا ہے۔)

بھولا ناتھ : یہ ایک بار آ جاتا ہے تو جانے کا نام نہیں لیتا۔

آنند : آخر معلوم بھی ہو کون ہے؟

بھولا ناتھ　:ارے کون کیا؟ راہوں کا بادشاہ ہے۔

آنند　:راہوں کا! پھر تو تمہارا ہم وطن ہوا۔

بھولا ناتھ　:(طنز سے) اب راہوں کے ہزاروں آدمی میرے ہم وطن ہیں اور کمرے (کندھے جھٹک کر) میرے پاس صرف یہی دو ہیں۔

(مجبور ہنسی ہنستا ہے۔)

آنند　:(حیرانی سے) تو کیا ان سے جان پہچان بھی نہیں؟

(اٹھ کر کمرے میں گھومتا ہے۔)

بھولا ناتھ　:بس اس بات کا گنہ گار ہوں کہ اپنے چھوٹے بھائی سے ان کے کارہائے نمایاں سنتا رہاہوں یا پھر اپنے شہر کے ڈاکٹر بھگوان۔۔۔

آنند　:راہوں شہر نہیں قصبہ ہے۔

بھولا ناتھ　:ارے ہاں وہیں ڈاکٹر بھگوان۔۔۔

آنند　:(پھر قطع کلام کرکے) لیکن تم نے کہاناکہ یہ پھر آ گیا تو اس کا مطلب یہ ہے کہ پہلے بھی یہ صاحب تمہیں مہمان نوازی کا شرف بخش چکے ہیں۔

بھولا ناتھ　:اب میں تمہیں کیا بتاؤں تم۔۔۔ تم۔۔۔(کندھے جھٹک کر) ذرا بیٹھو تو تفصیل سے بیان کروں۔

(آنند چارپائی پر بیٹھنا چاہتا ہے۔)

بھولا ناتھ　:ارے۔۔۔ ارے۔۔۔ یہاں کیا بیٹھتے ہو۔ وہ کرسی لے لو۔

(کرسی گھسیٹتا ہے۔)

آنند　:میں یہیں اچھا ہوں۔ تم کہو۔

بھولا ناتھ　:(پھر ذرا ہنس کر) بات یہ ہے کہ وہ میرا چھوٹا بھائی ہے ناسری رام۔

جیساوہ خود آوارہ ہے ویسے ہی اس کے دوست ہیں۔ انھیں میں سے ایک کا نام سوم یا موم یا کیا جانے کیا تھا۔ وہ جب کبھی آتا تھا اپنے اس بھائی کی تعریف کے پل باندھ دیا کرتا تھا۔

آنند   : دیش بھگت ہیں؟

بھولاناتھ   : خاک۔

آنند   : شاعر؟

بھولاناتھ   : اس کی سات پشتوں میں سے کسی نے شعر کا نام نہیں لیا۔

آنند   : تو مقرر؟ سدھارک؟ حکیم؟ وید؟ ڈاکٹر؟

بھولاناتھ   : (چڑ کر) تم سنتے ہو نہیں اور لے اڑتے ہو وہ تھے نا، مشہور ایکٹر ماسٹر فطرت۔ یہ ان کے ساتھ رہ چکا ہے۔

آنند   : (قہقہہ لگا کر) تو یوں کہو کہ یہ صاحب ایکٹر ہیں۔

بھولاناتھ   : اب ماسٹر فطرت کے مشہور ڈراموں "عشق کی آگ" اور "درد جگر" میں اس نے کوئی کام کیا ہے یا نہیں اس بات کا مجھے کوئی علم نہیں۔ اتنا سنا تھا کہ یہ ماسٹر فطرت کا دایاں ہاتھ ہے۔

آنند   : لیکن اس بات سے تمھیں کیا دلچسپی؟

بھولاناتھ   : (ہنس کر) ارے بچپن تھا اور کیا؟ جب ہم میٹرک میں پڑھتے تھے تو ان کے ناٹک پڑھنے کا بہت شوق تھا۔

آنند   : "عشق کی آگ"، "درد جگر"۔

(ہنستا ہے۔)

بھولاناتھ   : ارے بھائی ان دنوں ہمارے لئے ماسٹر فطرت ہی کالی داس اور شیکسپیئر تھے۔ اگرچہ ہمیں ان کے دیکھنے کا اتفاق نہیں ہوا تھا لیکن ہم ان کے ناٹکوں کو پڑھ

کر محلے کے ایک لڑکے سے ان کے گانے سن کر ہی ان کے آرٹ کے قائل تھے۔

آنند :اور ان کے غیبی مداحوں میں سے تھے۔

بھولاناتھ :تم اچھی طرح جانتے ہو مشہور مصنفوں، لیڈروں، ایکٹروں، ادیبوں کو لوگ عام انسانوں سے کچھ اونچا ہی سمجھتے ہیں اور ان سے تو ایک طرف ان کے ساتھ رہنے والوں تک سے بات کر کے پھولے نہیں سماتے۔ یہ تو ماسٹر فطرت کا دایاں ہاتھ تھا۔

آنند :تو ان سے تمہاری ملاقات کیسے ہوئی؟

(پھر اٹھ کر گھومنے لگتا ہے۔)

بھولاناتھ :ملاقات؟ (کندھے جھٹک کر) تم اسے ملاقات کہہ سکتے ہو؟ ہمارے شہر کے ہیں ناڈاکٹر بھگوان۔۔۔

آنند :شہر نہیں قصبہ کہو۔ راہوں قصبہ ہے۔

بھولاناتھ :ہاں ہاں قصبہ، قصبہ۔ تو میں نے اسے ڈاکٹر بھگوان داس کی دوکان پر بیٹھے دیکھا۔ اس کی باتیں دلچسپی سے سنیں اور شاید دو ایک باتوں کا جواب بھی دیا۔

آنند :پھر تم انھیں اپنے گھر لے آئے۔

بھولاناتھ :ارے کہاں؟ تم مجھے بات بھی کرنے دوگے۔ اس کو تو دس برس بیت گئے۔ اس کے بعد یہ صاحب گزشتہ برس ملے اور تمہیں معلوم ہے کہ ان دنوں میں میں کیسی مصیبت سے دن کاٹ رہا تھا۔ چنگڑ محلے کا وہ پیپل ویڑا اور اس میں لالہ جوالا داس کا وہ جہنمی مکان اور اس کی وہ اندھیری کوٹھریاں جن میں نہ کوئی روشن دان ہے۔ نہ کھڑکی۔ گرمیوں میں باہر گلی میں سونا پڑتا تھا۔

آنند :لیکن تم بات تو ان سے ملنے کی کر رہے تھے۔

بھولاناتھ :ہاں ہاں انھیں دنوں جب میں وہاں رہتا تھا اور دن بھر نوکری کی

تلاش میں مارا مارا پھرتا تھا یہ ایک دن پیپل ویڑا کے پاس ہی چنگڑ محلے میں مل گئے اور انھوں نے دور ہی سے نمسکار کی۔ میں جلدی میں تھا لیکن لمحہ بھر کے لئے رک گیا۔

آنند :تو کہنے کا مطلب۔۔۔

بھولاناتھ :(بات جاری رکھتے ہوئے) انھوں نے بڑے تپاک سے ہاتھ ملایا اور کہا ڈاکٹر بھگوان داس آپ کی بڑی تعریف کرتے ہیں۔ آپ مجھے پہچان تو گئے ہیں؟ میں نے کہا "ہاں ہاں۔۔۔ماسٹر فطرت" کہنے لگے بیمار ہے بے چارہ درد گردہ سے۔

آنند :درد جگر سے نہیں۔

بھولاناتھ :(آنند کے طنز کی طرف نہ دھیان کر کے) میں نے افسوس کا اظہار کیا اور پوچھا کہ سنایئے کیسے آئے۔ کہنے لگے مجھے درد گردہ کی شکایت ہے۔

آنند :(قہقہہ لگا کر) کند ہم جنس باہم جنس پرواز۔

بھولاناتھ :میں نے بھی افسوس کا اظہار کیا۔ کہنے لگے "کرنل ماتھر کو دکھانے آیا ہوں کل چلا جاؤں گا۔" میں نے کہا: "تو آیئے کچھ پانی وانی پی لیجیے۔ ہنس کر کہنے لگے لالہ سندر لال تو انتظار کر رہے ہوں گے لیکن چلئے اپنے ہم وطن کا اصرار کیسے رد کیا جا سکتا ہے۔"

آنند :اپنے ہم وطن کا۔۔۔خوب!

(ہنستا ہے۔)

بھولاناتھ :میرے تو پاؤں تلے سے زمین کھسک گئی۔ ضروری کام سے جا رہا تھا اور میں نے رسمی طور پر ہی اسے جل پان کے لئے پوچھا تھا۔ خیر گھر لے آیا اور حفظ ماتقدم کے طور پر میں نے بیوی سے صرف ٹھنڈے پانی کا گلاس لانے کے لئے کہا۔ پانی پی کر یہ مہاشہ وہیں گلی میں بچھی ہوئی چارپائی پر لیٹ گئے۔ مجھے جلد جانا تھا۔ میں نے جھجکتے ہوئے کہا:

"مجھے۔۔۔ آ۔۔۔ ذرا جلدی ہے۔ آپ کدھر جا رہے ہیں؟ ساتھ ساتھ ہی۔۔۔" لیکن جناب ٹانگیں پسارتے ہوئے میری بات کاٹ کر بے پرواہی سے بولے: "ہاں ہاں آپ شوق سے ہو آیئے۔ میں ذرا تھک گیا ہوں۔ یہیں آرام کرلوں گا۔"

آنند :(ہنس کر)خوب!

بھولا ناتھ :(کندھے جھٹک کر) تم ہوتے تو میری صورت دیکھتے۔۔۔ نئی نئی شادی ہوئی تھی اور یہ ہمارا ہم وطن۔۔۔

(آنند پھر قہقہہ لگاتا ہے۔)

بھولا ناتھ :مرتا کیا نہ کرتا۔ مجھے تو جلدی تھی۔ ناچار چلا گیا۔ واپس آیا تو آپ مزے سے بستر بچھوا کر خراٹے لے رہے تھے اور بیوی بیچاری اندر گرمی میں پڑی تھی۔ داخل ہوا تو کہنے لگی آپ کا ایسا بے تکلف دوست تو کوئی دیکھا نہیں۔ آپ کے جانے کے بعد کہنے لگا: "تم تو شاید نواں شہر کی ہو۔" میں چپ رہی تو بولا: "پھر تو ہماری بہن ہوئی۔"

آنند :بہن؟!

(ہنستا ہے۔)

بھولا ناتھ :اب کملا مجھ سے پوچھنے لگی یہ کون ہے؟ میں کیا بتاتا؟ اتنا کہہ کر چپ ہو رہا کہ ہمارے دیس کے ہیں۔ چارپائیاں ہمارے پاس صرف دو تھیں۔ آخر وہ غریب سخت گرمی میں اندر فرش پر سوئی۔ خیال تھا دوسرے دن چلے جائیں گے لیکن پورے سات دن رہے اور جب گئے تو میں نے قسم کھا کر کملا سے کہا کہ اب کبھی نہیں آئیں گے لیکن آج پھر آ دھمکے ہیں اور کملا۔۔۔

(کملا داخل ہوتی ہے۔)

کملا :میں پوچھتی ہوں آپ چپ چاپ ادھر آ کر بیٹھ گئے ہیں اور وہ مجھے

اس طرح حکم دے رہے ہیں جیسے میں ان کی کوئی زر خرید لونڈی ہوں۔ ’’کملا پان لا دو۔ کملا یہ کر دو۔ کملا وہ کر دو۔‘‘ میں پوچھتی ہوں یہ ہیں کون؟ آپ تو کہتے تھے میں اسے جانتا تک نہیں پھر کیوں یہ منہ اٹھائے ادھر چلے آتے ہیں؟ کوئی اور ٹھور ٹھکانہ ان کے لئے نہیں کیا؟ کون ہیں یہ؟

بھولا ناتھ :(بالکل گھبرا کر کندھے جھٹکتے ہوئے) اب بتاؤ۔۔۔

(اٹھ کھڑا ہو جاتا ہے۔)

آنند :تم ٹھہرو۔ بھابی۔ مجھے سوچنے دو۔

کملا :لیکن آپ سوچ کر کریں گے کیا؟ یہ کوئی ان کا پرانا یار غار ہو گا مجھے اسی بات سے چڑ ہے کہ آخر یہ مجھ سے چھپاتے کیوں ہیں؟ کیا میں ان کے دوستوں کو گھر سے نکال دیتی ہوں۔

(چارپائی کے کنارے بیٹھ جاتی ہے۔)

آنند :دیکھو بھابی۔

کملا :میں کچھ نہیں دیکھنا چاہتی۔ دیکھئے آپ سے کوئی پردہ نہیں۔ کمرے ہمارے پاس یہی دو ہیں جن میں دروازوں کے روشندان ان میں شیشے تک نہیں اور ہم کارڈ بورڈ سے کلام چلا رہے ہیں اور بستر بھی فالتو نہیں اور پھر آپ بھی یہاں ہیں۔ ان کے یہ دوست تو مزے سے بستر بچھوا کر سوئیں گے اور میں ٹھٹھرا کروں گی باہر برآمدے میں۔

آنند :دیکھو بھابی وہ ان کے دوست نہیں ہوں اس بات کا تمہیں یقین دلاتا ہوں۔

کملا :تو پھر یہ صاف جواب کیوں نہیں دیتے؟

آنند :اگر ان سے یہ ہو سکتا تب نا۔۔۔

بھولا ناتھ   :(جو اس دوران میں ادھر ادھر گھومتا رہتا ہے رک کر اور کندھے
جھٹک کر) ہاں اب ہم وطن ہیں۔۔۔

کملا   :ہم وطن ہیں تو۔۔۔
(انگارہ سی آنکھوں سے شوہر کی طرف دیکھتی ہے۔)

آنند   :دیکھو جھگڑے سے کچھ نہ بنے گا۔ اس آدمی کو دھتا بتائی چاہیئے۔

کملا   :یہی تو میں بھی کہتی ہوں۔۔۔

آنند   :لیکن یہ ان سے ہو چکا ان صاحب کی مہمان داری تو کسی دوسری طرح
ہی کی جائے گی۔

(کچھ لمحے کے لئے خاموشی جس میں آنند سوچتا ہے اور بھولا ناتھ انگڑائی لیتا
ہے۔)

آنند   :(دھیمی آواز میں) میں پوچھتا ہوں وہ کیا کر رہا ہے۔

کملا   :شاید باہر گیا ہے جاتے جاتے پوچھتا تھا کہ آج کیا سبزی پکانے کا ارادہ
ہے۔ بازار سے۔۔۔

آنند   :(جسے اس دوران میں تدبیر سوجھ گئی ہے) میں کہتا ہوں تم لحاف لے
لو بھابی اور چپ چاپ لیٹ جاؤ اور اگر کراہ سکو تو تھوڑے تھوڑے وقفے کے بعد کراہتی
بھی جاؤ (بھولا ناتھ سے) دیکھو بھائی کھانے کا ذکر آئے تو تم کہہ دینا کہ مجھے بھوک نہیں
ہے اور میں بہانہ کروں گا کہ گرانی طبع سے میں آج فاقہ کر رہا ہوں اور بس (چٹکی بجاتا
ہے۔ سیڑھیوں پر پاؤں کی چاپ سنائی دیتی ہے۔ مڑ کر) میں کہتا ہوں جلدی کرو (ایک
ایک لفظ پر زور دے کر) جلدی کرو۔ انہی کپڑوں سمیت لیٹ جاؤ۔

(کملا جلدی سے بستر پر لیٹ کر لحاف اوڑھ لیتی ہے۔ ہاتھ میں دو لو کیاں لئے

ہوئے بنواری لال داخل ہوتا ہے۔)

بھولاناتھ : آیئے آیئے کدھر چلے گئے تھے آپ؟(آنند کی طرف اشارہ کر کے) یہ ہیں مسٹر بنواری لال۔ میرے ہم وطن۔ کسی زمانے میں مشہور ایکٹر ماسٹر فطرت کے ساتھ۔۔۔

آنند : (ذرا ہنستے ہوئے) آپ سے مل کر بڑی خوشی ہوئی۔

بنواری لال : آپ سے مل کر بہت خوشی ہوئی۔

بھولاناتھ : یہ آپ کیا اٹھالائے اتنی لوکیاں؟

(کملا دھیمی سی کراہتی ہے۔)

بنواری لال : باہر بک رہی تھیں (ہنس کر) میں نے کہا۔۔۔ (کملا ذرا اور زور سے کراہتی ہے)(مڑ کر اور ذرا چونک کر) کیا بات ہے۔ کیا بات ہے؟؟

(آواز میں تشویش)

بھولاناتھ : اسے دفعتاً دورہ پڑ گیا۔ بڑی مشکل سے ہوش آیا ہے۔۔۔ عموماً پڑ جایا کرتا ہے۔ ہسٹریا۔

بنواری لال : تو آپ علاج۔۔۔

بھولاناتھ : علاج بہت کرایا کرنل (پھر بات کا رخ بدل کر) یہ تو بیمار پڑ گئیں اور (ذرا ہنس کر)لوکیاں آپ اتنی اٹھالائے پھر (آنند سے) کیوں بھائی تم کیا کہتے تھے؟۔۔۔

آنند : میں تو آج فاقہ سے ہوں طبیعت بھاری ہے۔

بھولاناتھ : اور میں خود کھانے کے موڈ میں نہیں۔

بنواری لال : (رسوئی کی طرف قدم بڑھاتے ہوئے) تو بھابی جی میرا مطلب ہے کہ لوکی۔۔۔ یعنی لوکی کی کھیر ہسٹریا میں بے حد مفید ہے اور کھیر بنا بھی اچھی لیتا ہوں۔

ساتھ ہی میں اپنے لئے بھی دو روٹیاں اتار لوں گا اور بھا جی بھی لو کی ہی کی بن جائے گی۔ میرا تو خیال ہے آپ بھی کھائیں۔ لطف نہ آ جائے تو نام نہیں۔ اندر انگیٹھی تو ہو گی ہی۔ کو ئلوں کی آنچ مجھے بے حد پسند ہے۔ دھوئیں سے آنکھیں نہیں نکلتیں اور پھر کو ئلوں پر لو کی کی کھیر بنتی بھی ایسی ہے کہ کیا کہوں۔

(رسوئی میں چلا جاتا ہے۔)

آنند   :(دھیرے سے) یہ اس طرح نہیں جائے گا۔

بنواری   :(رسوئی سے) کیوں بھئی مسالہ کہاں ہے؟

کملا   :(لیٹے لیٹے) کہہ دو ختم ہو گیا۔

بھولاناتھ   :(ذرا زور سے) مسالہ تو یار ختم ہو گیا۔

بنواری   :(اندر سے) اور گھی کہاں ہے؟

بھولاناتھ   :(کندھے جھٹک کر) اب یہ کیسے کہہ دوں؟!

آنند   :(اونچی آواز میں) ارے گھی نہیں لائے تم؟ علی الصباح بھابی نے کہا تھا کہ گھی ختم ہو گیا ہے کیسے گرہستی ہو تم؟!

(دھیرے سے شرارت کی ہنسی ہنستا ہے۔)

بنواری   :(دروازے سے جھانک کر) اچھا ایک آنے کا گھی کم سے کم آج کے لئے تو لیتا آؤں۔ مسالہ بھی نہیں اور کھانڈ بھی۔ میرا خیال ہے۔۔۔ نہیں! میں چند منٹوں میں سب کچھ لایا۔ یہ جب تک کچھ کھائیں گی نہیں کمزوری دور نہیں ہو گی۔

(چلا جاتا ہے۔)

آنند   :(حیرانی سے) یہ عجیب مہمان ہے تمہارا۔ مہمان کے ساتھ میزبانی کے فرائض بھی سرانجام دے رہا ہے اور اپنی جیب سے۔

بھولاناتھ :میں کہتا ہوں آنند۔ یہ جونک ہے جونک۔ خدا کے لئے کوئی اور ترکیب سوچو۔ کیا ہوا۔ یہ آج جیب سے پانچ آنے خرچ کر دے گا۔ گذشتہ سال جاتا جاتا مجھ سے پانچ روپے لے گیا تھا۔

کملا :(ایک دم سے زور سے اٹھ کر) دے دیئے آپ نے پانچ روپے۔

بھولاناتھ :(کندھے جھٹک کر) اب میں۔۔۔

کملا :اور میں پانچ پیسے مانگتی ہوں تو نہیں ملتے۔

بھولاناتھ :اب ہم وطن۔۔۔

کملا :تو پڑے بھگتیئے پانچ کیا میری طرف سے پانچ سو دے آیئے۔ بس مجھے میکے چھوڑ آیئے۔

آنند :اور (خوشی سے تالی بجا کر) سپلنڈڈ میکے !۔۔۔ ٹھیک (بھولاناتھ سے) جلدی کرو بھابی کو لے کر کسی پڑوسی کے یہاں چلے جاؤ۔ وہ آیا تو میں کہہ دوں گا کہ بھابی کی طبیعت بہت خراب ہوگئی تھی آخر بھائی صاحب انھیں چھوڑنے میکے چلے گئے۔ کیوں؟

(داد کی خواہش سے دونوں کی طرف دیکھتا ہے اور ہنستا ہے۔)

بھولاناتھ :بھئی تدبیر تو خوب ہے (بیوی سے) تم ذرا اندر پڑوسن سے باتیں کرنا۔ میں کچھ دیر کے لئے باہر ان کے شوہر کے پاس بیٹھ جاؤں گا۔ (آنند سے) لیکن یار میں کہتا ہوں اگر وہ نہ گیا؟

آنند :جائے گا کیسے نہیں۔ تمہارے جاتے ہی میں بھی تالا لگا کر سٹک جاؤں گا۔ وہ کیا اس کا باپ بھی جائے گا۔

کملا :واہ تالا لگا کر آپ کھسک جائیں گے اور جو وہ برتن لے گیا ہے وہ نہیں آپ یوں کہیئے گا کہ وہ چلے گئے ہیں اور میں بھی چلا جا رہا ہوں۔ بس اسے نکال کر گھاس

منڈی تک چھوڑ آیئے۔

آنند :ہاں ہاں تم جلدی کرو۔وہ آجائے گا۔

بھولاناتھ :ہاں ہاں جلدی کرو۔(کملا کو ٹرنک کھولنے کے لئے جاتے دیکھ کر) میں کہتا ہوں نئی ساڑی پہننے کی ضرورت نہیں تم سچ مچ میکے نہیں جارہی ہو اور ہمارے پڑوسی تمہیں اس حالت میں کئی بار دیکھ چکے ہیں۔

کملا :(ٹرنک کو زور سے بند کرتے ہوئے) میں پوچھتی ہوں۔

آنند :ہاں ہاں۔وہیں پوچھنا۔۔۔چلو چلو۔۔۔

(دونوں کو ڈھکیلتا ہوا لے جاتا ہے۔)

پردہ

دوسرا منظر

(وقت:ایک گھنٹے بعد۔۔۔مقام:اسی مکان کا برآمدہ)

(برآمدہ ایک طرف سے جدھر ناظرین بیٹھے ہیں کھلا ہے۔اس طرف بڑی لمبی لمبی چقیں پڑی ہوئی ہیں جو کھول دی جاتی ہیں تو یہی برآمدہ ایک لمبا سا کمرہ بن جاتا ہے۔اس وقت چونکہ چقیں لپٹ کر چھت سے لٹک رہی ہیں اس لئے برآمدہ میں جو کچھ ہو رہا ہے اس سے حاضرین بخوبی دیکھ سکتے ہیں۔دو ہلکی ہلکی بید کی کرسیاں برآمدے میں بائیں طرف رکھی ہیں۔دو سال سے روغن نہیں کیا گیا ہے جس کی وجہ سے بید کی سفیدی نظر آنے لگی ہے۔کرسیوں کے آگے ایک بید ہی کی تپائی رکھی ہے جس پر میلا سا کرسیوں کے رنگ کا کپڑا بچھا ہوا ہے۔

بائیں طرف ایک دروازہ ہے جو سیڑھیوں پر کھلتا ہے۔ سامنے کی دیوار میں دروازے جو بالترتیب پہلے منظر کے کمرے اور اس کے ساتھ والے کمرے میں کھلتے ہیں۔ دروازے پرانی طرز کے ہیں۔ ان کے اوپر ساتھ ہی روشندان ہیں۔ جن کے شیشے شاید ابھی تک نہیں لگے ہیں یا خستہ اور بوسیدہ ہو کر ٹوٹ گئے ہیں۔ ہاں ان کی جگہ کتے کے مستطیل ٹکڑے لگے ہوئے ہیں۔ ایک چارپائی دیوار سے لگی کھڑی ہے۔

ایک کرسی پر پروفیسر آنند بیٹھے ہوئے، دوسری پر ان کے پاؤں ہیں ان کے دائیں طرف تپائی پر جھوٹے خالی برتن رکھے ہیں۔ جس وقت پردہ اٹھتا ہے وہ سگریٹ سلگانے کی فکر میں ہے۔)

آنند :(اسی دیاسلائی کو جو بجھ گئی ہے زمین پر پٹک کر) اونھ!

(بھولاناتھ سیڑھیوں کے دروازے سے جھانکتا ہے۔)

بھولاناتھ :میں کہتا ہوں ہمیں وہاں بیٹھے بیٹھے ایک گھنٹہ ہو گیا اور تم نے ابھی تک آواز نہیں دی۔

(چل کر پروفیسر آنند اس کے پاس جاتے ہیں۔)

آنند :ارے دھیرے بولو۔ وہ ادھر رسوئی میں بیٹھا کھانا کھا رہا ہے۔

بھولاناتھ ۔:(برتنوں کی طرف دیکھ کر) اور تم۔۔۔

آنند :میں نے بھی روزہ افطار کر لیا ہے۔ کمبخت لوکی کی کھیر بڑے مزے کی بناتا ہے۔

بھولاناتھ :لیکن۔۔۔

آنند :لیکن کیا؟ میں نے اسی کے مطابق سب کچھ کیا جو طے ہوا تھا لیکن وہ بھی ایک شیطان ہے۔

بھولاناتھ : (سوچتے ہوئے) تو گیا نہیں۔

آنند : وہ ایسی آسانی سے نہ جائے گا۔ ایسوں کو صاف جواب۔۔۔

بھولاناتھ : لیکن اخلاق بھی تو۔۔۔ (کندھے جھٹک کر) تم سمجھتے نہیں آنند۔

(سر کھجاتے ہوئے کمرے میں گھومنے لگتا ہے۔)

آنند : صاف جواب نہیں دے سکتے تو بھگتو۔

بھولاناتھ : تم نے اس سے کہا نہیں کہ بھابی کی طبیعت۔۔۔

آنند : کہا کیوں نہیں۔ جب وہ سب چیزیں لے کر واپس آیا تو میں نے برا سا منھ بنا کر کہا "بھابی کی طبیعت بڑی خراب ہو گئی تھی۔ انھوں نے اصرار کیا کہ میں تو میکے جاؤں گی اور وہ ٹھہرے زن مرید فوراً تیار ہو کر چلے گئے۔"

بھولاناتھ : (غضب ناک ہو کر) زن مرید۔۔۔؟!

آنند : (ہنس کر اور بھی آہستہ سے رازدارانہ انداز میں) ارے وہ تو میں نے صرف یہ کہہ کر میں قفل اٹھانے کے لئے بڑھا اور وہ اندر رسوئی میں چلے گئے۔ میں نے تالے کو لے کر ہاتھ میں اچھالتے ہوئے کہا میں تو جا رہا ہوں کہنے لگے کھانا تو کھا کے جائیے گا۔ لوکی کی کھیر کا مزا۔۔۔

بھولاناتھ : اور تمہارے منھ میں پانی بھر آیا۔

آنند : نہیں میں نے کہا میں تو جاؤں گا۔

بھولاناتھ : پھر؟

آنند : انھوں نے بے فکری سے انگیٹھی میں کوئلے سلگاتے ہوئے کہا۔ اچھا تو ہو آیئے لیکن آ جائیے گا جلدی۔ ٹھنڈی کھیر کا مزا کیا خاک آئے گا۔

بھولاناتھ : (غصے سے دانت پیس کر) ہوں۔

آنند :تب میں نے بھی دل میں سوچا کہ یہ اس طرح نہ جائیں گے۔ کوئی دوسری ترکیب ہی کرنی پڑے گی۔ چاہئے تو یہ تھا کہ میں قفل لگا کر باہر برآمدے ہی میں ملتا لیکن بھابی کی دو طشتریوں نے۔

بھولا ناتھ :(جلدی سے) پھر۔۔۔پھر۔۔۔؟

آنند :پھر کیا۔ میں نے سوچا کہ انھیں یہاں چھوڑ جانا بیوقوفی ہی ہو گی نہ جانے کون سی چیز اٹھا کر چمپت ہو جائیں۔ اس لئے جھٹ بات بدل کر میں نے کہا: "نہیں کوئی خاص جلدی تو نہیں مجھے۔ یہ آپ نے ٹھیک کہا کہ کھیر کا مزا گرم گرم ہی میں ہے۔ تو لایئے دیکھیں تو سہی آپ کیسی بناتے ہیں۔ بس انھوں نے کھیر تیار کی، لوکی کی بھاجی بنائی اور پھر ہلکی پھلکی روٹیاں پکائیں۔ ابھی ختم کر کے اٹھا ہوں۔ کمبخت غضب کی رسوئی بناتا ہے۔ میں پوچھتا ہوں یہ ماسٹر فطرت کا باورچی تو نہیں تھا۔

(دبا ہوا قہقہہ لگاتا ہے۔)

بھولا ناتھ :(مایوسی سے) اب۔۔۔

(چارپائی میں دھنس جاتا ہے۔)

آنند :تم بھی بلا تکلف کھالو۔ بھوکے پیٹ کیا خاک سوجھے گا۔ تر مال اندر آ جائے تو۔۔۔

(بنواری رومال سے ہاتھ پوچھتا ہوا رسوائی کی طرف سے داخل ہوتا ہے۔)

بنواری :ارے گئے نہیں آپ۔

بھولا ناتھ :(جیسے قبر میں سے) گاڑی مس (Miss) کر گئے۔

بنواری :اور کملا جی؟

بھولا ناتھ :(چڑچڑے پن کے ساتھ) انھیں پھر دورہ پڑ گیا تھا۔

بنواری :(نہایت سنجیدگی سے)اوہ!تو کہاں۔۔۔

بھولاناتھ :وٹینگ روم میں بٹھا آیا ہوں۔ دوسری گاڑی دیر سے جاتی ہے اسی لئے۔

بنواری :(افسوس کے ساتھ اندر مڑتا ہے)ایک ڈبے میں کھیر دیئے دیتا ہوں۔یقین کیجئے لوکی کی کھیر ہسٹریا کے دورے میں بے حد مفید ہوتی ہے اور پھر وہ بھی صبح سے بھوکی ہوں گی۔

بھولاناتھ :(غصے کو چھپاتے ہوئے) نہیں تکلیف نہ کیجئے۔ میں دوا کے ساتھ تھوڑا سا دودھ پلا آیا ہوں۔

بنواری :تو آپ ہی لیجئے۔(آنند کی طرف دیکھ کر)کیوں پروفیسر صاحب انھوں نے بھی تو صبح کا۔۔۔

بھولاناتھ :میں کھانے کے موڈ میں نہیں ہوں۔

بنواری :(خفیف ہوئے بغیر) کیوں نہ ہو۔(ذرا ہنس کر) میں نے ایک بار ایک فقیر سے پوچھا تھا۔ کھانے کا ٹھیک وقت کون سا ہے ؟ اس نے خواب دیا امیر کی جب طبیعت ہو اور غریب کو جب ملے۔ بھائی آپ ٹھہرے امیر آدمی اور ہم۔۔۔ غریب!اچھا پان تو لیں گے نا۔

بھولاناتھ :(چڑ کر) میں پان نہیں کھاتا۔

بنواری :(مسکرا کر) اور پروفیسر صاحب؟

آنند :(جس نے خوب سیر ہو کر کھایا ہے) مجھے کوئی خاص اعتراض نہیں۔

بنواری :اچھا میں ذرا نیچے پنواری سے پان لے آؤں۔

(بے پروائی سے ہنستا ہوا چلا جاتا ہے۔)

بھولاناتھ :(کندھے جھٹک کر) میں کہتاہوں اب۔۔۔

آنند :چپ۔

بھولاناتھ :(بے صبری سے) میں کہتاہوں اب کیا کیا جائے۔ وہ کب تک پڑوسی کے یہاں بیٹھی رہے گی۔ تم تو مزے سے کھانا کھا کر کرسی پر ڈٹ گئے اور ہماری آنتیں۔۔۔

آنند :بھئی کھانا کھانے کے بعد میری سوچنے اور سمجھنے کی قوتیں سلب ہو جاتی ہیں۔ میں تو ذرا سوؤں گا۔

بھولاناتھ :لیکن تم تو کہتے تھے کہ میں اس سے نمٹوں گا۔

(اٹھتا ہے۔)

آنند :وہ تو ٹھیک ہے مگر دو چار منٹ ذرا آنکھ لگ جائے تو کچھ سوجھے۔

(خمار آلود آنکھوں سے بھولاناتھ کی طرف دیکھتا ہے اور ہنستا ہے۔ بھولاناتھ مایوس ہو کر ہاتھ کمر کے پیچھے رکھ کر سوچتا ہے اور گھومتا ہے۔)

بھولاناتھ :اٹھو یہ کام ہو چکا تم سے۔ باہر تالا لگائے دیتے ہیں۔ خود ہی رو پیٹ کر چلائے گا۔ دونوں کسی ہوٹل میں کھانا کھالیں گے۔

(پھر ٹہلنے لگتا ہے۔)

آنند :(کرسی پر پیچھے کی طرف لیٹ کر اور جمائی لے کر) تو پھر مجھے کیوں گھسیٹتے ہو۔ مجھے نیند آرہی ہے۔

(پھر کرسی سے اٹھتا ہے۔)

بھولاناتھ :(جو بہت تیزی سے برآمدے میں گھوم رہا ہے اچانک رک کر) کیا مطلب ہے تمہارا؟

آنند : (پھر کرسی میں دھنس جاتا ہے) ارے بھائی تم باہر سے تالا لگا کر جانا چاہتے ہو تو چلے جاؤ۔ اس کمرے کو اندر سے بند کر جاؤ اور س میں باہر سے تالا لگا جاؤ۔ مجھے تین بجے پرنسپل گردھاری لال سے ملنے جانا ہے۔ تب اس کمرے سے نکل کر باہر سے تالا لگاتا جاؤں گا۔ اب جلدی کرو نہیں تو وہ آجائے گا۔ (اٹھ کر بائیں طرف کے کمرے میں چلا جاتا ہے، اندر سے) لو میں تو لیٹ گیا۔ اب پان خواب ہی میں کھاؤں گا۔

(بھولا ناتھ کچھ لمحے تک تیز تیز گھومتا ہے پھر تیزی سے وہ بھی اندر چلا جاتا ہے۔ اس کی غصے سے بھری چڑچڑی آواز آتی ہے۔)

بھولا ناتھ : تالا کہاں ہے ؟ میں کہتا ہوں تالا کہاں ہے ؟ کمبخت تالا۔۔۔ مل گیا۔۔۔ مل گیا۔

(تالا ہاتھ میں لئے آتا ہے اور چابیوں کی زنجیر انگلی میں گھماتا ہے۔)

آنند : (اندر سے) ارے دیکھو یہ اس کا بیگ باہر رکھتے جاؤ نہیں تو اسی بہانے آجائے گا۔

(بھولا ناتھ پھر اندر جاتا ہے اور کپڑے کا ایک پرانا پھٹا ہوا ہینڈ بیگ لے کر آتا ہے اور دروازے کے نزدیک باہر دیوار کے ساتھ ساتھ دیتا ہے اور دروازہ بند کر کے قفل چڑھانے لگتا ہے اور اندر سے پروفیسر آنند کی آواز آتی ہے۔)

آنند : ارے سنو، سنو۔

بھولا ناتھ : (پھر جلدی سے کواڑ کھول کر) کہو۔

آنند : ارے برتن تو اندر رکھتے جاؤ۔

(بھولا ناتھ جلدی سے برتن اٹھا کر دیتا ہے۔)

آنند : اور یہ تپائی اور کرسیاں بھی دے دو۔

(بھولاناتھ جلدی جلدی کرسیاں اور تپائی دیتا ہے۔)

آنند : اور یہ چارپائی؟

بھولاناتھ : اسے پڑا رہنے دو۔ اسے کوئی نہ اٹھا لے جائے گا۔

(جلدی جلدی تالا لگاتا ہے۔ جلدی میں چارپائی سے ٹھوکر کھاتا ہے اور بڑبڑاتا ہوا چلا جاتا ہے۔)

(کچھ لمحے خاموشی جس میں دور پر کوئی گھڑیال ٹن ٹن بارہ بجاتا ہے۔ پھر کچھ لمحوں بعد بنواری لال گال میں پان دبائے کاغذ میں لپٹی پان کی گلوری ایک ہاتھ میں تھامے داخل ہوتا ہے۔ کمرے میں قفل اور باہر اپنا بیگ پڑا ہوا دیکھ کر چونکتا ہے۔ بھولاناتھ کا نام لے کر دوبار آواز دیتا ہے۔ ذرا گھومتا ہے پھر مسکراتا ہے اور اپنے آپ سے کہتا ہے۔)

بنواری : میں تو ابھی سوؤں گا۔

(چارپائی بچھاتا ہے جو دوسرے کمرے کے دروازے کو بالکل روک لیتی ہے۔ اس پر لیٹ کر سگریٹ سلگاتا ہے۔ ایک دو کش لگا کر کروٹ بدل لیتا ہے۔)

پردہ

تیسرا منظر

(پردہ آہستہ آہستہ اٹھتا ہے۔ منظر وہی۔ بنواری لال کروٹ بدلتا ہے۔ باہر کہیں گھڑیال بجتا ہے پھر۔)

بنواری : اور تین بج گئے۔

(دروازے کے اوپر روشندان کا گتا ہلتا ہے اور پھر کسی کا ہاتھ باہر نکلتا ہے۔)

(بنواری لال چونکتا ہے پھر کروٹ بدل لیتا ہے۔ آہستہ آہستہ بوٹ سوٹ پہنے پروفیسر آنند روشن دان کے گتے کو ہلا کر بڑی مشکل سے نیچے اترنے کی کوشش کرتے ہیں۔)

بنواری : (جیسے کسی کی آہٹ سے چونک کر) کون ہے (پھر چونک کر اور اٹھ کر) کون کون روشن دان کے اندر داخل ہونے کی کوشش کر رہا ہے۔(شور مچاتا ہے) دوڑئیو۔۔۔بھاگیو۔۔۔چور۔۔۔چور۔!!

آنند : میں ہوں آنند۔

(آواز گلے میں پھنسی ہوئی ہے۔)

بنواری : (بدستور گھبرائی ہوئی آواز میں) چور!چور!!۔۔۔دوڑیو۔۔۔بھاگیو!!

(ایک مارواڑی، ایک ہندوستانی اور دو ایک پنجابی بھاگتے ہوئے سیڑھیوں سے داخل ہوتے ہیں۔)

مارواڑی : (جس کی سانس پھول رہی ہے) کائیں مجھے بابو جی۔ کائیں چھے!!

ہندوستانی : کیا بات ہے بھیا۔ کیا بات ہے؟!

پنجابی : (ان کو پیچھے ہٹاتا ہوا) کی گل اے؟ کی گل اے؟ کدھر چوری ہوئی اے۔ کدھر چوری ہوئی؟

بنواری : (آنند کی طرف اشارہ کرکے) یہ دیکھئے آج کل کے جنٹلمین بیکار کوئی کام نہ ملا تو یہی پیشہ اختیار کر لیا۔ دن دھاڑے ڈاکا ڈال رہے ہیں۔ میرے دوست ہیں نا پنڈت بھولا ناتھ۔ میں ان سے ملنے کے لئے آ رہا تھا دیکھتا ہوں تو آپ اندر داخل ہو رہے ہیں۔ یہ بیگ شاید پہلی بار نکال کر رکھ چکے تھے۔(آنند کی طرف دیکھ کر طنز سے) اترئیے صاحب۔ اب ذرا چند دن بڑے گھر کی روٹیاں توڑئیے۔

ہندوستانی :(آگے بڑھ کر) یہ بیگ اٹھا رہے تھے؟

بنواری :نانا۔ اسے ہاتھ نہ لگایئے۔ اس میں سب گہنے بند ہوں گے۔ پولیس ہی آکر کھولے گی۔

آنند :(جو بالکل گھبرا گیا ہے) میں۔ میں۔

مارواڑی :اے شالہ میں میں کیا۔ نیچے اتر۔ مار مار کر بھوسا بنا دیں گے۔

ہندوستانی :(فلسفیانہ انداز میں) آج کل بیکاری نے نوجوانوں کو چور اور ڈاکو بنا دیا ہے۔

پنجابی :اوے۔ اتر اوے۔ اوتھے ٹنگیا ایں۔ سوٹ تا دیکھو جویں ناڈھو خان دا ملا ہوندا اے۔

(آگے بڑھ کر پروفیسر آنند کو پاؤں سے پکڑ کر گھسیٹتا ہے۔ وہ دھم سے زمین پر آ گرتے ہیں۔ وہ پنجابی نوجوان دو چار گھونسے تھپڑ ان کے رسید کر دیتا ہے۔ آنند غصے اور بے عزتی سے جل کر کہتا ہے۔)

آنند :میں پنڈت بھولا ناتھ کا دوست پروفیسر آنند۔۔۔

پنجابی :چل چل پروفیسر دا بچہ۔ جا کے تھانے والیاں نوں دسیں کہ تو پروپھیسر ہیں یا ڈپٹی۔

(سب قہقہہ لگاتے ہیں۔)

بنواری :میں بھی ان کا دوست ہوں لیکن ان کی غیر حاضری میں چوری تو نہیں کرتا پھرتا۔

مارواڑی :آج کل جمانو ایلیوئی چھے۔ بابو جی کائی کریو جائے۔

(آج کل کا زمانہ ہی ایسا ہے بابو جی کیا کیا جائے۔)

بنواری : (گرج کر) میں ابھی پولیس کو ٹیلی فون کرتا ہوں۔ آپ اسے پکڑے رکھیں۔ (جاتے ہوئے) دیکھئے بیگ کو ہاتھ نہ لگایئے۔

(کئی اور لوگ داخل ہوتے ہیں۔)

("کیا ہوا۔ کیا ہوا۔" کا شور مچ جاتا ہے۔)

مارواڑی : (نوواردوں سے) یہ چور چوڑے دہاڑے چوری کر رہو چھو شاپ۔

(یہ چور دن دہاڑے چوری کر رہا تھا۔)

ہندوستانی : (طنز سے) جنٹلمین چور!

آنند : میں کہتا ہوں۔

پنجابی : (ایک اور تھپڑ رسید کر کے) تون کہنا ایں نائے چور نائے پتر۔

(بھیڑ کو چیرتا ہوا بھولا ناتھ آتا ہے۔)

بھولا ناتھ : کیا بات ہے؟ کیا بات ہے؟

مارواڑی : بچ گیا۔ چھے شاپ۔ تھا کے چوری کر ہیو چھو۔

ہندوستانی : سمجھئے بچ گئے۔ آپ کے دوست نے عین موقع پر چوری کرتے ہوئے پکڑ لیا۔

آنند : (جس کا حوصلہ بھولا ناتھ کے آنے سے بڑھ گیا تھا) میں کہتا ہوں۔

مارواڑی : (لپک کر) تو کائیں کہے چھے۔

ہندوستانی : (ادا سے) یہ کہتا ہے۔

پنجابی : ایہہ کہندا اے (چبا چبا کر) نالے چور نالے چتر۔

(سب ہنستے ہیں۔ بھولا ناتھ بڑھ کر آنند کو پنجابی کی گرفت سے چھڑاتا ہے۔)

بھولا ناتھ : چھوڑیئے چھوڑیئے آپ سب جایئے۔ یہ میرے دوست ہیں۔ میں

ان سے نمٹ لوں گا۔

ہندوستانی :لیکن چور۔

بھولا ناتھ :میں کہتا ہوں انھوں نے کوئی چوری نہیں کی۔ آپ جایئے میری بیوی آ رہی ہے۔ آپ سب سیڑھیاں روکے کھڑے ہیں۔

(سب بڑبڑاتے ہوئے چلے جاتے ہیں۔)

پنجابی :(رک کر) پردہ بابو۔

بھولا ناتھ :(چیخ کر) وہ بدمعاش گیا نہیں۔

(پنجابی جلدی جلدی جاتا ہے۔)

آنند :وہ تو پولیس میں رپورٹ لکھوانے گیا ہے۔

بھولا ناتھ :آخر ہوا کیا؟

آنند :ہونا کیا تھا سب اس کی بدمعاشی ہے۔

بھولا ناتھ :آخر بات کیا ہوئی؟

آنند :ہوتی کیا؟ تمہارے جانے کے بعد میں لیٹ گیا تو کچھ ہی دیر بعد وہ آیا۔ پہلے شاید تمہیں آوازیں دیں۔ پھر تالا دیکھ کر بڑبڑایا۔ پھر چارپائی گھسیٹ کر بالکل اسی دروازے کے آگے لیٹ گیا۔ پھر میں۔۔۔

بھولا ناتھ :تمہارے ساتھ ایسا ہی ہونا چاہئے تھا۔ کہا جو تھا چلو ہمارے ساتھ۔

آنند :ساڑھے تین بجے مجھے پرنسپل صاحب سے ملنا تھا۔ آخر انتظار کر کے میں تیار ہوا لیکن جاؤں کدھر سے۔ دروازے کے شگاف سے روشن دان تک چڑھا پھر دھوتی باندھ کر اترنے لگا تھا کہ۔۔۔

بھولا ناتھ :اور وہ تمہارا استاد نکلا۔ میں نے کہا تھا اول درجے کا بدمعاش ہے۔

آنند :اس نے چور، چور کا شور مچا دیا اتنے آدمی اکٹھے کر لئے اور اس پنجابی نے کئی تھپڑ مجھے رسید کئے۔

(بنواری داخل ہوتا ہے۔)

بنواری :(جیسے کچھ جانتا ہی نہیں) عجب دوست ہیں آپ کے یہ تو سب کچھ اٹھا کر ہی لے چلے تھے۔

بھولا ناتھ :آپ کو شرم نہیں آتی۔ یہ تو اندر رہی تھے۔

بنواری :لیکن مجھے کیا معلوم تھا۔ میں نے آوازیں دیں۔ یہ بولے تک نہیں۔

بھولا ناتھ :سو رہے ہوں گے۔

بنواری :تو جب بیدار ہوئے تب مجھے آواز دیتے۔ روشن دان سے اترنے کی کیا ضرورت تھی۔

بھولا ناتھ :اچھا ہٹایئے۔ اس قصے کو۔ کملا کی طبیعت خراب ہو رہی ہے۔ میں اسی گاڑی سے اسے گورداس پور لے جاؤں گا۔ چلو آنند تم بھی میرے ساتھ چلو۔ اب پرنسپل صاحب سے کل مل لینا۔

بنواری :آپ گورداس پور جا رہے ہیں۔ آپ کا سسرال تو نواں شہر ہے۔

بھولا ناتھ :(بے پروائی سے) وہاں کملا کے بڑے بھائی رہتے ہیں۔

بنواری :بھائی؟!

بھولا ناتھ :میونسپل کمیٹی میں ہیڈ کلرک ہیں۔

بنواری :میونسپل کمیٹی میں (مسرت سے ہلکی سی تالی بجا کر) یہ آپ نے اچھی خبر سنائی وہاں میونسپل کمیٹی میں مجھے کام ہے۔ میں خود پریشان تھا۔ سوچتا تھا کہاں ٹھہروں گا۔ کیسے ہیڈ کلرک سے ملاقات کروں گا۔ وہاں میرا کوئی واقف نہیں۔ اب آپ ساتھ

ہوں گے تو سب کچھ بآسانی ہو جائے گا۔ ٹھہریئے میں بیگ اٹھالوں۔

(بڑھ کر بیگ اٹھاتا ہے۔)

پردہ گرتا ہے

***

ٹرنک کال

افراد :

گورنام: مشہور فلم پروڈیوسر۔ عمر ۴۵ برس

ہرنام: اس کا چھوٹا بھائی اور منیجر۔ عمر ۴۰ سال

کرٹ: مزاحیہ ایکٹر

ستیندر: عام اداکار

شری ہر: جوتشی

وکیل: کمپنی کا قانونی صلاح کار

پانڈے اور مشرا: لڑکی کے لئے بات کرنے والے

چپراسی: عمر ۵۵ برس

مقام: بمبئی کے مشہور فلم پروڈیوسر گورنام پنجوانی کا دفتر

وقت: حال کا

منظر :(پردہ اٹھنے پر گورنام آرام کرسی پر لیٹا ہے اور مزاحیہ اداکار کرٹ جس نے اس کی تازہ فلم میں ایک چھوٹا سارول لے رکھا ہے اور آئندہ فلم میں بڑا رول پانے کی کوشش میں ہے اس کے پاؤں دبا رہا ہے۔)

گورنام :تم میری عادت بگاڑ دو گے کرٹ۔ میری زندگی میں ایسے دن بھی آئے ہیں، جب میں نے ہفتوں مہینوں سولہ سولہ گھنٹے کام کیا ہے، لیکن نہ کبھی مجھے تکان

محسوس ہوئی اور نہ میں نے کسی سے پیر دبوائے۔ (ہنس کر) اور جب سے تم کمپنی میں آئے ہو اور مٹھی چاپی کرنے لگے ہو، میرا جسم بھی درد کرنے لگا ہے اور مجھے پاؤں دبوانے کی خواہش بھی محسوس ہونے لگی ہے۔ کبھی کبھی سوچتا ہوں کہ تم اوم پرکاش، آغا، کنہیالال یا محمود کی طرح مشہور ایکٹر ہو گئے تو۔۔۔

کرٹ : گورنام صاحب یہ سب تو مزاحیہ اداکار ہیں، بھگوان کرنے میں ہیرو ہو جاؤں تو بھی ان قدموں کی دھول اپنے ماتھے پر لگانا اپنی خوش قسمتی سمجھوں گا۔ آپ نے مجھے بریک دیا ہے۔ میں آپ کو اپنے استاد اور بڑے بھائی کے برابر سمجھتا ہوں۔

(اور بھی جوش سے پنڈلی دبانے لگتا ہے۔)

گورنام : نہ جانے آج کندھے کیوں درد کر رہے ہیں۔

کرٹ : (جلدی سے اٹھ کر کندھے دباتے ہوئے) آپ کام بھی تو بہت کرتے ہیں گورنام صاحب۔ اس ساری انڈسٹری میں ایک بھی پروڈیوسر نہیں، جو آپ کے مقابلے میں نصف کام بھی کرتا ہو۔ میں نے تو اسی لئے آپ کو اپنا آدرش بنالیا ہے۔

(تندہی سے کندھے دباتا ہے۔ ہرنام تیز تیز داخل ہوتا ہے۔)

ہرنام : بھائی صاحب کیا یہ سچ ہے؟

گورنام : کیا سچ ہے؟

ہرنام : یہی جو میں سن رہا ہوں۔

گورنام : کیا سن رہے ہو؟

ہرنام : بھابھی کو آپ نے ان کے میکے بھیج رکھا ہے۔۔۔ جموں۔۔۔ سال بھر سے اور۔۔۔

گورنام : سال بھر سے نہیں، مشکل سے نو مہینے۔۔۔ (ٹیلی فون کی گھنٹی بجتی

ہے) کرٹ ذرا دیکھنا کون ہے؟

کرٹ :(کندھے دبانا چھوڑ کر فون کا چونگا اٹھاتا ہے) ہیلو۔۔۔ ڈبل تھری، ڈبل فور، ڈبل فائیو!۔۔۔ کون صاحب بول رہے ہیں۔۔۔ کھوسلہ صاحب (گھگھیاتی آواز میں) آداب۔۔۔ آداب! میں آپ کا پرانا خادم کرٹ۔۔۔ جی ہاں۔۔۔ جی ہاں۔۔۔ ابھی دیتا ہوں۔(فون اٹھا کر گورنام کے پاس لے جاتے ہوئے) کھوسلہ صاحب کا فون ہے۔

گورنام :(فون کا چونگا لے کر) آداب عرض حضور کھوسلہ صاحب۔۔۔ ہاں ہاں آپ کی مہربانی ہے۔ بس آخری ریل کی ایڈیٹنگ باقی ہے۔ میری بے انتہا خواہش ہے کہ ریلیز سے پہلے آپ اسے ایک نظر دیکھ لیں۔۔۔ ارے نہیں حضور، آپ تو خود فرمایا کرتے ہیں۔۔۔ بڑے سے بڑا پروڈیوسر نہیں جان پاتا کہ اس کی فلم ہٹ ہو گی یا فلاپ!۔۔۔ ہاں میری چار چار فلمیں ہٹ ہو گئی ہیں۔ لیکن پانچویں فلاپ نہیں ہو گی، اس کی کیا گارنٹی ہے؟۔۔۔ اپنا زور تو حضور کھوسلہ صاحب محنت پر ہے۔ کامیابی یا ناکامی تو اوپر والے کے ہاتھ میں ہے۔ ہاں۔ ہاں ٹھیک۔۔۔ طے۔۔۔ نہایت شکر گزار ہوں گا۔ آداب عرض!

ہرنام :(بڑے بھائی کے ہاتھ سے چونگا لے کر کرٹ کو تھماتے ہوئے) کرٹ اسے ادھر رکھو۔ (گورنام سے) نو ماہ بھی بھابھی کو جموں گئے ہو گئے تو کم نہیں ہیں سنا ہے۔ انہیں میکے بھیج کر آپ دوسری شادی رچانے کی فکر میں ہیں۔

گورنام :کون کہتا ہے؟

ہرنام :کوئی بھی کہتا ہو۔ آپ سینے پر ہاتھ رکھ کر کہئے، جھوٹ ہے؟

(ستیندر داخل ہوتا ہے۔)

گورنام :کیا بات ہے ستیندر، گھبرائے ہوئے کیوں ہو۔

ستیندر :میں ابھی فینس اسٹوڈیو سے آ رہا ہوں۔ سلوانا نے فلم ایڈٹ کرتے ہوئے میرے دو سین ہی گول کر دئے۔

گورنام :تم ان دونوں میں کانپ رہے تھے۔

ستیندر :وکرم نے جتنی بار کہا، میں نے ریہرسلیں دیں۔ جب تک اس نے اوکے نہیں کیا، میں نے بس نہیں کی۔

گورنام :ہاں، لیکن جیسے ہی وکرم کہتا۔۔۔ ٹیک(Take) کیمرا آن ہوتا۔ تم کانپنے لگتے۔ تمہاری خوشی کے لئے میں نے سین بڑھادیا۔ تمہارا کلوز اپ شاٹ لینے کی ہدایت دے دی۔ لیکن افسر کے آتے ہی سپاہی اٹینشن(Attention) میں ہو کر سیلوٹ مارے، کیمرے میں اس کا کلوز اپ ہو اور اس کا ہاتھ کانپتا دکھائی دے تب اس سین کو کاٹ دینے کے سوا کیا چارہ ہے۔ سلوانا نے نہیں، میں نے ہی اسے تلف کرنے کی ہدایت دی تھی۔

ستیندر :کچھ مناظر تو آپ دوبارہ شوٹ کرنے والے ہیں نا۔ اس سین کو بھی ری ٹیک کر لیجئے گا۔ یقین دلاتا ہوں۔ اب کے ہاتھ ذرا نہیں کانپے گا۔

گورنام :دیکھیں گے۔۔۔ تم کہتے تھے۔۔۔ وکیل اور پانڈے آج ہی آئیں گے۔ کیا ہوا ان کو؟ کیا وکیل نے کاغذات تیار نہیں کئے۔

ستیندر :بس میں ادھر ہی جا رہا ہوں۔

گورنام :اور اس جیوتش اچاریہ پر کیا بنی۔ وہ کیوں نہیں آیا؟

ستیندر :ادھر تو کرٹ جانے والا تھا۔

کرٹ :جیوتشی جی نے آج آنے کو کہا تھا۔ میں ابھی فون کرتا ہوں۔ (دھیمے لہجے میں) یوں انھوں نے کہا تھا کہ پچھلے مہینے سے لے کر ایک سال اور اکیس دن تک

آپ کے گھر لڑکا ہونے کا جوگ ہے۔ شری ہری راج جیوتشی ہیں اور ان کی بات کبھی غلط نہیں ہوتی۔

گورنام : ستیندر! تم جاؤ۔ اس معاملے کو ادھر ادھر کرو(کرٹ سے) تم فون اٹھا کر باہر لے جاؤ۔(کرٹ فون اٹھا کر باہر جانے لگتا ہے۔) اور ذرا ان جیوتش اچاریہ کا پتہ کرو۔ فون نمبر تو یاد ہو گا تمہیں؟

کرٹ : جی یاد ہے۔

گورنام : دیکھو چپراسی سے کہہ دو کسی کو اندر آنے کی اجازت نہ دے۔ کوئی بہت ضروری فون آئے تو نمبر لے لے۔ کہدے صاحب باتھ روم میں ہیں۔ ابھی فون کریں گے۔ غیر ضروری ہو تو ٹال جائے۔

کرٹ : جی بہت اچھا۔

(فون لے کر چلا جاتا ہے۔)

ہرنام : آپ مجھے بس اتنا بتا دیجئے بھائی صاحب کہ بھابھی میں خامی کیا ہے؟ اتنی خوبصورت، سمجھدار، سلیقے اور سگھڑاپے والی، شائستہ اور پڑھی لکھی خاتون ساری فلمی دنیا میں ڈھونڈنے سے نہیں مل سکتی۔

گورنام : میں کب کہتا ہوں۔

ہرنام : تو۔۔۔

گورنام : تو۔۔۔

ہرنام : تو آپ کیوں یہ گناہ کرنے جا رہے ہیں۔

گورنام : کیا بکتے ہو؟

ہرنام : گناہ ہی نہیں، یہ جرم بھی ہے۔ آپ تو ہمیشہ کہا کرتے ہیں کہ فلمی دنیا

میں آپ کی اس حیرت انگیز ترقی کا یہی راز ہے کہ آپ کبھی شراب اور عورت کے چکر میں نہیں پڑے۔

گورنام :اب بھی میں کسی چکر میں نہیں ہوں۔

ہرنام :چکر میں ہونا اور کسے کہتے ہیں۔ یہ ستین سالا جے کے میں دلالی کرتا تھا۔ یہاں آکر آپ کے ایسا منہ لگا ہے کہ نہایت ہی غیر اہم معمولی سا اس کا پارٹ ہے اور اسے بھی ری ٹیک کرنے کے لئے آپ پر زور دے رہا ہے۔ یہ سالے تو زندگی بھر ایکٹر نہیں بن سکتے۔ لیکن اپنی غرض کے لئے آپ کو تو کسی نہ کسی گہرے گڑھے میں ڈھکیل سکتے ہیں۔

گورنام :دیکھو ہرنام! مجھے اس بمبئی میں رہتے پندرہ برس ہونے کو آئے ہیں اور جہاں میرے شروع کے ساتھی آج بھی فٹ پاتھوں پر سوتے ہیں میں کامیابی کی چوٹی پر جا پہنچا ہوں اور تم دلی میں کلرکی کرنے کے بجائے تین ہزار روپیہ ماہانہ پا رہے ہو۔ تم اتنا سمجھ لو کہ اپنا بھلا برا، فائدہ نقصان میں خوب سمجھتا ہوں۔ یہ بھی کہ میں کوئی گناہ کر رہا ہوں، نہ کوئی جرم، یاد رکھو کہ میں نے تمہاری شادی کر دی۔ الگ فلیٹ دے دیا الگ کار لے دی۔ تمہاری اپنی نجی زندگی میں کسی طرح کا دخل نہیں دیا۔۔۔ اس وقت بھی نہیں جب نینا کے قصے کو لے کر تمہاری بیوی روتی ہوئی یہاں آئی تھی۔۔۔

ہرنام :اسے محض وہم تھا۔ آپ جانتے ہیں۔

گورنام :تمہیں بھی محض وہم ہے اور یہ میں جانتا ہوں۔

ہرنام :معاف کیجئے گا بھائی صاحب! بھابھی کو میں ماں کے برابر مانتا آیا ہوں۔ میں تو میٹرک میں پڑھتا تھا جب آپ کی شادی ہوئی تھی۔ بھابھی نے مجھے اپنے بچے جیسی محبت دی ہے۔

گورنام :مجھے بھی (قدرے ہنستا ہے) لیکن اس سے کوئی فرق نہیں پڑتا۔ دس برس ہونے کو آئے ہیں میری شادی ہوئے اور میں نے اولاد کا منہ نہیں دیکھا۔۔۔ یہ سالی زمین جائیداد، یہ فلیٹ، یہ سٹوڈیو، یہ کاریں، یہ فارم۔۔۔

ہرنام :میں سمجھتا ہوں بھائی صاحب۔ لیکن میں یہی عرض کرنا چاہتا ہوں کہ آپ بہت جلدی ناامید ہو گئے ہیں۔ جب آپ کی شادی ہوئی تو بھابھی صرف پندرہ برس کی تھیں اور اب پچیس برس کی ہیں۔ کیا عمر گزر گئی ان کی ماں بننے کی؟ ڈاکٹر سب نس۔۔۔

گورنام :ارے ان ڈاکٹروں۔ ڈاکٹروں کو کچھ نہیں آتا۔ ہے کوئی بمبئی کی مشہور لیڈی ڈاکٹر یا ایکسپرٹ ڈاکٹر جسے میں نے ارملا کو نہیں دکھایا۔ کون سا ٹیسٹ ہے جو میں نے اس کا نہیں کرایا۔ سبھی کہتے ہیں کوئی نقص نہیں۔۔۔ کوئی نقص نہیں تو بچہ کیوں نہیں ہوتا۔

ہرنام :نقص آپ میں بھی تو ہو سکتا ہے۔

گورنام :تم سمجھتے ہو کہ مجھ میں نقص ہوتا تو میں جان نہ پاتا۔ مجھے یقین ہوتا کہ مجھ میں نقص ہے تو میں دوسری شادی کرنے کی سوچتا؟

ہرنام :میں نے ڈاکٹر سب نس سے پوچھا تھا۔ انھوں نے بتایا کہ بظاہر اس سلسلے میں سب کچھ ٹھیک معلوم ہوتا ہے۔ آدمی عورت کے پاس جاتا ہے۔ آدمی کو کوئی کمی محسوس نہیں ہوتی۔ مرد عورت دونوں مطمئن بھی ہوتے ہیں، لیکن۔۔۔

گورنام :ڈاکٹر پاریکھ نے بہت اچھی طرح دیکھا ہے۔ نہایت باریکی سے معائنہ کیا ہے۔ میرے لاکھ انکار کے باوجود اس نے مجھے انجکشن لگا دئے۔ اس بات کو بھی سال بھر ہونے کو آیا ہے۔

ہرنام :آپ ذرا ڈاکٹر سب نس سے مشورہ۔۔۔

گورنام : مجھے کسی سب نس اب نس سے مشورہ نہیں کرنا۔ میرے ساتھ بے کار کی بحث میں وقت ضائع کرنے کے بجائے بہتر ہوتا کہ تم آخری ریل بھی لے آتے۔ میں نے کھوسلہ صاحب سے فکس کیا ہے۔ کل گیارہ بجے انہیں گولڈی کے پروجیکشن ہال میں فلم دکھانی ہے۔

ہرنام : آپ نے مجھ سے راجیش کھنہ کے ہاں جانے کو کہا تھا۔۔۔ اگلی فلم کے لئے اس سے بات کرنے کے سلسلے میں۔

گورنام : ٹھیک ہے، تم اپنے کمرے میں جاکر فون پر اس کے سکریٹری سے بات کر کے ٹائم لے لو۔ وہ وقت دیدے تو آج رات ادھر چلے جانا۔ ابھی فیمس میں فون کرو۔ دیکھو اگر ایڈیٹنگ ختم ہوگئی ہو تو جاکر فلم لے آؤ۔

ہرنام : جی بہتر، لیکن میں نے جو عرض کیا ہے، اس پر ٹھنڈے دل سے غور کئے بغیر جلدی میں کوئی فیصلہ نہ کیجئے گا۔ شادیاں تو، اب آپ طاقتور ہیں، دس کر سکتے ہیں۔ لیکن نبھاؤ مشکل ہو جاتا ہے۔ آپ نے دیکھا نہیں جنیجا کو۔ اسی چکر میں اس کی پہلی بیوی نے خودکشی کرلی اور دوسری نے اس کی زندگی وبال کر رکھی ہے۔

گورنام : تم میری فکر نہ کرو۔ اپنے کام دیکھو۔

ہرنام : میں آپ کو شکایت کا موقعہ نہیں دوں گا۔

(چلا جاتا ہے۔ گورنام اٹھ کر کچھ لمحے چپ چاپ کمرے میں ٹہلتا ہے۔ پھر کرسی پر آبیٹھتا ہے اور بزر دباتا ہے۔ دوسرے لمحے چپراسی حاضر ہوتا ہے۔)

چپراسی : حضور!

گورنام : ذرا کرٹ کو بھیجو۔

(چپراسی چلا جاتا ہے۔ دوسرے لمحے کرٹ داخل ہوتا ہے۔)

کرٹ :میں نے آپ سے عرض کیا تھا نا کہ شری ہری ضرور آئیں گے۔ میں نے ان کے فلیٹ پر فون کیا تو معلوم ہوا، کب کے چل چکے ہیں۔ ادھر فون رکھا، ادھر دروازے میں ان کے درشن ہوئے۔ (دروازہ ذرا سا کھول کر) آیئے جیوتشی جی!

(شری ہری، شری ہری، کا جاپ کرتے ہوئے جیوتشی جی داخل ہوتے ہیں۔ نام تو ان کا مدن گوپال ہے، لیکن متواتر شری ہری کا نام جپنے سے وہ خود شری ہری کہلانے لگے۔)

گورنام :کہئے پنڈت جی، دیکھی ہماری کنڈلی؟

شری ہری :آپ کا آدیش (حکم) ہو اور ہم نہ مانیں، یہ کیسے ہو سکتا ہے۔ شری ہری۔۔۔ شری ہری۔۔۔ بھگوان شاکشی (گواہ) ہے سات کنڈلیاں بننے کو پڑی تھیں۔ کھوسلہ صاحب کے ناتی کی کنڈلی بنانی ہے، روپیہ انھوں نے پیشگی بھجوا دیا ہے، لیکن ایک کشن کا اوکاش (فرصت) نہیں ملا اور ان کے فون پر فون آ رہے ہیں۔ کیا کروں، سارا دن تو لوگ آتے رہتے ہیں۔ رات گیارہ بجے سے پہلے تو اوکاش ہی نہیں ملتا۔ کل رات بارہ بجے آپ کی کنڈلی لے کر بیٹھا تو تین بجے اٹھا۔ شری ہری۔۔۔ شری ہری۔۔۔

گورنام :کچھ بتایئے بھی مہاراج، شری ہری نے ہمارے بھاگیہ میں کیا لکھا ہے۔

شری ہری :فلم تو آپ کی ہٹ ہو گی۔ سو میں پچھتر بسوا۔ شری ہری۔۔۔ شری ہری۔۔۔

گورنام :یہ پچیس فیصدی کی رکاوٹ کیسے لگا دی مہاراج۔

شری ہری :بات یہ ہے کہ بھگوان شنی ذرا وکری (ٹیڑھا) ہے۔ اس کا جاپ کر دوں گا۔ آپ چنتا نہ کریں۔ یوں بھی ڈھائی تین مہینے کے بعد یہ سویمیو (اپنے آپ) سیدھا

ہو جائے گا۔ فلم ایک دم ریلیز نہ کریں۔ شنی مہاراج کو ذرا سیدھے ہو لینے دیں۔ شری ہری۔۔۔ شری ہری۔۔۔ اور جیسا میں نے نویدن کیا تھا، نیلم کی انگوٹھی۔۔۔

گورنام :میں نے شہر میں اکیس سنیما ہال بک کر رکھے ہیں۔ ایک ہی دن سب میں ریلیز ہو گی۔

شری ہری :تو۔۔۔تو۔۔۔ آپ۔۔۔

گورنام :کہئے کہئے!

شری ہری :بات یہ ہے کہ آپ کی کنڈلی میں کسی متر کے ہاتھوں لابھ کا جوگ ہے۔ کیا ایسا نہیں ہو سکتا کہ اس فلم میں آپ کسی کو ساجھے دار بنالیں۔

گورنام :ساجھے دار تو دس بن جائیں گے۔ چار چار ہٹ فلمیں بنا چکا ہوں۔ لیکن آپ ایسا کیوں سوچتے ہیں؟

شری ہری :بات یہ ہے کہ جس متر کو ساتھی بنائیں گے اگر اس کا سنیچر شکتی شالی ہو گا تو آپ کا وکری شنی کٹ جائے گا اور بھگوان کی کرپا سے چاروں کھونٹ وجے تا پھہرے گی۔ شری ہری۔۔۔ شری ہری۔۔۔

گورنام :ٹھیک ہے، آپ کہتے ہیں تو۔۔۔

شری ہری :لیکن جن جن سے بات کریں، ان کی کنڈلیاں بہانے سے لے کر مجھے دکھادیں۔

گورنام :یہ کرٹ کہتا ہے کہ میری کنڈلی میں آپ نے کچھ اور بھی دیکھا ہے۔

شری ہری :بات یہ ہے کہ گرہوں کی ورتمان دشا کا لیکھا جوکھا کرنے لگا تو یونہی سوریہ سنگھتا اٹھا کر پھلادیش پڑھنے لگا۔ معلوم ہوا کہ اس سال آپ کے گھر سنتان اتپتی کا جوگ ہے۔ وہ بھی بالک کا۔ شری ہری۔۔۔ شری ہری۔۔۔

گورنام :(سرگوشی میں) میں پنڈت جی میں دوسری شادی کرنے کی سوچ رہا تھا۔ تھوڑی دوودھا تھی، سو آپ کی اس پیشن گوئی سے دور ہو گئی۔ ہو سکا تو میں آج ہی شام طے کر لوں گا۔ نہیں تو کل یقیناً

شری ہری :پرنتو بیاہ کو جوگ تو۔۔۔

(سر کھجلانے لگتا ہے۔)

گورنام :نہیں ہے کیا؟

شری ہری :دھیان نہیں دیا۔ کنڈلی دیکھ کر ہی بتا سکتا ہوں۔

گورنام :کیا میری پتری آپ ساتھ نہیں لائے۔

شری ہری :میں واستو میں (حقیقت) میں گھر سے سیدھا ادھر نہیں آیا۔ ڈائریکٹر شنکر کے ہاں چلا گیا تھا۔ وہاں سے مہتہ صاحب کے یہاں چلا گیا۔ وہاں سے چٹرجی کے۔۔۔ گھر سے سیدھا ادھر آتا تو۔۔۔

گورنام :مجھے آپ کی رائے آج ہی، بلکہ ابھی چاہیئے۔

شری ہری :تو ایسے کیجئے، مجھے سٹوڈیو کار میں بھیج دیجئے۔ میں جا کر کنڈلی دیکھتا ہوں اور آپ کو فون پر بتا دیتا ہوں۔

گورنام :جائیے کرٹ آپ کو میری کار میں لے جائے گا۔ (کرٹ سے) کرٹ جیوتشی جی کو ذرا کار میں ان کے ہاں پہنچا دو۔

کرٹ :آیئے پنڈت جی۔

شری ہری :(چلتے چلتے ذرا رک کر) کہیں کچھ بات چل رہی ہے؟ لڑکی کی کنڈلی دیکھے بنا۔۔۔

گورنام :وہ سب ہو جائے گا۔ آپ جوگ تو دیکھئے۔

شری ہری :ٹھیک ہے، میں گھر پہنچتے ہی پتری دیکھ کر آپ کو فون کرتا ہوں۔

گورنام :یہ لیجئے یہ ایک ہر اپتار کھئے۔

شری ہری :(نوٹ لے کر جیب میں رکھتے اور گھگھیا کر ہنستے ہوئے) ارے بھگوان یہ پھر آ جاتا۔ ہیں ہیں۔۔۔ ہیں ہیں۔۔۔ اچھا تو۔۔۔ چلوں!

(جیوتشی جی ماتھے پر دونوں ہاتھ لے جاتے ہیں اور شری ہری، کا جاپ کرتے ہوئے چلے جاتے ہیں۔ گورنام میز پر ٹانگیں پسار کر پیچھے کو لیٹ جاتا ہے۔ چپراسی داخل ہوتا ہے۔)

چپراسی :سرکار وکیل صاحب آئے ہیں۔

گورنام :ان کے ساتھ بھی کوئی ہے۔

چپراسی :وہی پانڈے جی اور مشرا جی ہیں، جو دو تین دن سے آرہے ہیں۔

گورنام :بھیج دو اور کیتلی میں فوراً چائے کے لئے پانی چڑھا دو۔

چپراسی :پانی تو گرم ہے۔ ہرنام صاحب کے لئے چائے بن رہی ہے۔

گورنام :تو تین چار پلیٹوں میں بسکٹ رکھ کر چائے لاؤ۔

چپراسی :جی بہتر (دروازہ کھول کر) آیئے وکیل صاحب۔

(شری برج رتن پانڈے اور درگا پرشاد مشرا کے ساتھ وکیل صاحب۔ داخل ہوتے ہیں۔)

گورنام :(کھڑے ہو کر ان کا خیر مقدم کرتے ہوئے) آیئے۔۔۔ آیئے۔۔۔ تشریف رکھئے۔

وکیل :کاغذ تو میں نے رف سب تیار کر دئے ہیں۔ ان کو دکھا بھی دئے ہیں۔ اسٹمپ پیپر آپ کے نام سے خرید لئے ہیں۔ آپ ایک نظر دیکھ لیں تو میں اسٹمپ پیپر پر

معاہدہ ٹائپ کرادوں۔

گورنام　:دکھایئے۔

(وکیل گورنام کو کاغذ دکھاتا ہے۔ گورنام خاموشی سے پڑھتا ہے۔ اس دوران چپراسی طشتریوں میں بسکٹ اور ردسی گلاس سٹینڈز میں چائے کے گلاس ٹرے میں سجا کر لاتا ہے اور سب کے آگے رکھتا ہے۔)

گورنام　:(معاہدہ پڑھنے کے بعد) کیوں پانڈے جی، آپ نے پڑھ لیا؟

پانڈے　:(قدرے ہنس کر) دیکھئے، اس سب کی ضرورت نہ تھی، لیکن میں نے کہا نا کہ لڑکی کے ماما نے اس کی ماں کو بہکا دیا۔

گورنام　:ہاں۔۔۔ہاں۔۔۔وہ بجا ہے۔ ماما جی کو اس طرح سوچنا اور لڑکی کی ماں کا ڈرنا عین واجب ہے۔ ماما جی کی جگہ میں ہوتا تو یہی کرتا اور کہتا۔ یوں تو جہاں تک شاستروں کا تعلق ہے ہندو وواہ اٹل اور اٹوٹ ہے۔ شوہر ذات بدل لے تو بھی نہیں ٹوٹتا۔ لیکن جب سے نیا قانون بنا ہے، مردوں کو وہ پہلے کی سی آزادی نہیں رہی۔ طلاق کے بغیر دوسری شادی کو سرکار غیر قانونی مانتی ہے۔ نہ دوسری بیوی اور اس کے بچوں کو باپ کی جائیداد میں کسی طرح کا قانونی حق ہی دیتی ہے۔ آپ زور نہ دیتے تو بھی میں یہ سب لکھا پڑھی کرتا۔ لیکن خیر معاہدے کا یہ رف ورژن آپ پڑھ لیں اور دیکھ لیں، کوئی بات رہ گئی ہو تو۔۔۔

پانڈے　:نہیں جی، میں نے دیکھ لیا ہے۔ میں مطمئن ہوں۔

گورنام　:مشرا جی کو دکھا دیا ہے؟ یہ لڑکی کے پھوپھا ہیں، ان کی تسلی ہونا لازم ہے۔

پانڈے　:ان کے سامنے ہی میں نے ساری باتیں وکیل صاحب کو لکھوائی ہیں۔

گورنام　:تو آپ کب اس معاملے کو پکا کرنے کی سوچتے ہیں؟

پانڈے　:ہماری طرف سے آپ پکا ہی سمجھیں۔ ہمیں صرف لڑکی اور اس کے ہونے والے بچوں کے مستقبل کی فکر تھی۔ سو اس سب کا انتظام آپ نے کر دیا ہے۔۔۔ اور ہمیں کچھ نہیں کہنا۔

گورنام　:تو۔۔۔

پانڈے　:تو آپ کا مطلب ہے کہ تلک۔۔۔

گورنام　:ہاں! میں بے حد مصروف آدمی ہوں، مجھے اپنی نئی پکچر ہی ریلیز نہیں کرنی ہے، نئی کا مہورت بھی کرنا ہے۔

پانڈے　:تلک کا کیا ہے۔ آپ کہئے تو آج یا کل۔۔۔

گورنام　:آج، کل اور پرسوں۔۔۔ تین ہی شامیں میری خالی ہیں۔ یعنی فی الحال۔۔۔ دو گھنٹے بعد کیا صورت حال ہو گی، میں نہیں جانتا۔

پانڈے　:کیوں مشرا جی، آج شام کو رکھ لیں۔ انتظام ہو جائے گا۔

گورنام　:آپ کو کیا اہتمام کرنا ہے۔ آپ کو صرف چیزوں کی فہرست دینی ہے۔ میرا آدمی کار میں جا کر سارا سامان خرید وا دے گا۔ دو کاریں آپ کے ڈسپوزل پر ہوں گی۔ کتنے آدمی آئیں گے لڑکی کے ساتھ۔۔۔

پانڈے　:کیوں مشرا جی۔۔۔

گورنام　:کیا یہ مناسب نہ ہو گا کہ ہم لڑکی اور اس کی ماں کو بھی یہ کاغذات دکھا دیں۔

پانڈے　:میں سمجھتا ہوں، جو جو آپ کی سلجھ نے چاہا ہے، میں نے کانٹریکٹ میں درج کرا دیا۔۔۔ تو بھی اگر آپ چاہتے ہیں۔۔۔ کیوں گورنام صاحب؟

مشرا　:بات یہ ہے کہ اگر لڑکی کے پتا زندہ ہوتے تو کوئی اڑچن نہ تھی۔ یہ عورتوں کا معاملہ ہے۔ میں لڑکی کا پھوپھا ہوں۔ پانڈے جی میرے دوست ہیں۔ کل کسی نے کچھ کہہ دیا تو سارا قصور میرے ماتھے منڈھ دیا جائے گا۔۔۔ وکیل صاحب نے جو کاغذات تیار کیا ہے، وہ میں نے دھیان سے پڑھا ہے۔ اس میں لڑکی کو کہیں بھی، بیوی نہیں لکھا گیا۔ ہر جگہ اسے دوست کہا گیا ہے۔

گورنام　:یہ تو میں نے پہلے ہی پانڈے جی کو سمجھا دیا تھا۔ کہ وہ میری بیوی ہو گی۔ باقاعدہ پنڈت بلا کر، ہندو شاستروں کے مطابق نو گرہوں کی پوجا اور سپت پدی کی رسم ادا کر کے شادی ہو گی۔ لیکن اگر کوئی شکایت کر دے، میری پہلی بیوی کا کوئی رشتے دار، یا میرا کوئی دشمن دعویٰ دائر کر دے تو لڑکی کو یہی کہنا ہو گا کہ اس نے میرے ساتھ شادی نہیں کی اور محض دوست کے ناطے میرے ساتھ رہتی ہے۔ اس بات کا میں آپ کو یقین دلاتا ہوں کہ آپ کی لڑکی کو کسی قسم کی شکایت ہو گی نہ تکلیف، اسی لیے باقاعدہ معاہدہ کیا جا رہا ہے۔

پانڈے　:ہمیں یقین نہ ہوتا تو کیا ہم یوں بار بار آتے۔ اب آپ سے کیا کہیں۔ مشرا جی کی بات میں تھوڑی سچائی تو ہے ہی۔۔۔ عورتوں کو معاملہ ہے۔۔۔ فلمی دنیا میں کام کرنے والوں کے سلسلے میں دس طرح کی جھوٹی سچی باتیں لوگوں میں مشہور ہیں۔۔۔ اسی لیے شاید مشرا جی اپنے اوپر ذمے داری لیتے ہوئے ڈرتے ہیں اور چاہتے ہیں کہ لڑکی اور اس کی ماں کو یہ کاغذ دکھا دیا جائے۔

وکیل　:دیکھئے میں آپ سے ایک بات صاف صاف عرض کر دینا چاہتا ہوں۔ برا نہ مانئے گا۔ گورنام صاحب تو بادشاہ آدمی ہیں، لیکن میں ان کا وکیل ہوں اور ان کے نفع نقصان کی تمام تر ذمے داری میری ہے۔۔۔ معاہدے پر دستخط بھلے ہو جائیں لیکن ان

کاغذوں کی دستخط شدہ نقل آپ کو اسی وقت ملے گی جب آپ تلک دے دیں گے اور لڑکی شادی پر بیٹھ جائے گی۔۔۔ آپ نے جتنی شرائط رکھیں وہ سب میں نے معاہدے میں شامل کر لی ہیں۔ لیکن کاغذ پر ان کا نام ہے۔ آپ چاہیں تو اپنے ہاتھ سے معاہدے کی نقل اتار لیں اور ان کی سلیچھ اور لڑکی کی تشفی کر آئیں۔ آج تلک ہو جائے، کل شادی، جھنجھٹ ختم۔ آپ کے سر سے لڑکی کا بوجھ اترے اور یہ بھی دوسرے کام میں۔۔۔

(چپراسی فون لئے داخل ہوتا ہے۔)

گورنام : کس کا فون ہے۔۔۔ میں نے کہا تھا کہ میں فون پر ایوے لے بل Available نہیں ہوں۔۔۔

چپراسی : کرٹ صاحب کا فون ہے۔۔۔

گورنام : (چپراسی کے ہاتھ سے چونگا لے کر) ہاں کرٹ۔۔۔ اچھا۔۔۔ ذرا جیوتشی جی کو دو۔۔۔ کیوں مہاراج۔۔۔ کیتو دماغ کے گھر میں پڑا ہے۔۔۔ کیا کہا۔۔۔ نہیں ہو سکتا (اچانک سنجیدہ ہو کر) آپ پکا یہی سوچتے ہیں۔۔۔ نہیں آپ سے صلاح کئے بغیر کہیں، کچھ بھی پکا نہیں ہو گا۔۔۔ آپ فوراً اسی کار پر واپس آ جائیے۔۔۔ اپنا پوتھا پتری سب ساتھ لیتے آیئے (ایک چور نظر پانڈے اور مشرا جی پر ڈال کر) مہورت وغیرہ نکالنا ہو گا نا۔۔۔

(چونگا واپس چپراسی کو دیتا ہے۔ وہ اسے فون پر رکھ کر اسے لئے لئے باہر جانا چاہتا ہے۔)

گورنام : فون یہیں رہنے دو۔

(چپراسی فون میز پر رکھ کر چلا جاتا ہے۔)

گورنام : (پانڈے سے) ٹھیک ہے پانڈے جی۔ آپ لوگ اس معاہدے کی

شرطیں نقل کر لیجئے اور لڑکی کی ماں اور خود لڑکی سے ڈسکس کر کے مجھے اپنے فیصلے سے مطلع کیجئے۔ ابھی جیوتشی آتا ہے۔ میں اس سے بھی مشورہ کرتا ہوں کہ آج کا دن شبھ ہے یا کل کا؟ لڑکی کی پتری ذرا ابھی دوبارہ منگا دیجئے گا۔

پانڈے　:ہم آپ کو دو گھنٹے میں پتہ دیتے ہیں (ہاتھ مسوستے ہوئے) اب کیا بتائیں آپ سے۔۔۔ مشرا جی نے ان عورتوں کی پخ لگا دی ورنہ میں تو۔۔۔

گورنام　:ٹھیک ہے۔۔۔ ٹھیک ہے، میں آپ کا انتظار کروں گا۔ گاڑی تو آپ کے پاس ہے نا؟

پانڈے　:جی ہاں۔

(اچانک فون کی گھنٹی زور سے بجتی ہے۔ گورنام بزر دباتا ہے۔ دوسرے لمحے چپراسی حاضر ہوتا ہے۔ اس دوران پانڈے اور مشرا، وکیل کے ساتھ چلے جاتے ہیں۔)

گورنام　:(چپراسی سے) دیکھو کس کا فون ہے۔ یہ مت کہنا کہ میں یہاں بیٹھا ہوں۔

(چپراسی چونگا اٹھاتا ہے۔)

چپراسی　:(فون میں) ڈبل تھری، ڈبل فور، ڈبل فائیو۔۔۔ جی کہاں سے بول رہے ہیں؟۔۔۔ جی ایکسچینج سے؟۔۔۔ جموں سے ٹرنک کال ہے؟۔۔۔ جی دے رہے ہیں صاحب کو (چونگا گورنام کو دیتے ہوئے) صاحب جموں سے آپ کے نام کال ہے۔

گورنام　:(چونگا لے کر) ہیلو۔۔۔ جی ہاں بول رہا ہوں۔۔۔ جی ہاں میں گورنام بول رہا ہوں۔۔۔ (چونگا کان سے لگائے لگائے سیٹی بجاتا ہے پھر اچانک) ہیلو۔۔۔ ہیلو۔۔۔ (اور زور سے) ہیلو۔۔۔ بمبئی۔۔۔ میں گورنام بول رہا ہوں۔۔۔ کون۔۔۔ (زور سے) ہیلو۔۔۔ ہیلو۔۔۔ ہیلو۔۔۔ ہیلو ایکسچینج۔۔۔ ایکسچینج (زور سے) آواز نہیں آ رہی۔۔۔

ہیلو (فون ٹھیک ہو جاتا ہے، اس لئے عام لہجے میں بات کرتا ہے) ہاں میں گورنام بول رہا ہوں۔۔۔ کون پنکج ؟۔۔۔ مبارکباد۔۔۔ ارے کاہے کی مبارک باد۔۔۔ (اٹھ کھڑا ہوتا ہے) کیا کہتے ہو۔۔۔ کب ؟۔۔۔ رات ہی!۔۔۔ سب ٹھیک تو ہے۔۔۔ مجھے پہلے کیوں نہیں بتایا۔ اتنے مہینوں تک خبر کیوں نہیں دی؟۔۔۔ کیا بے وقوفی ہے ؟۔۔۔ میں اسی وجہ سے دوسری شادی کر لیتا۔۔۔ قہر تو ٹوٹ ہی جاتا۔۔۔ ہاں بھگوان نے بھلا کیا۔۔۔ تم لوگ بھی مبارک باد لو۔۔۔ اپنی ماتا جی کو بھی مبارکباد دینا۔۔۔ زچہ بچہ تو ٹھیک ہیں۔۔۔ دونوں کو میرا پیار دینا۔۔۔ میں پہلی فلائٹ سے پہنچ رہا ہوں۔۔۔

(گورنام چونگا واپس فون پر ٹکا دیتا ہے۔ چہرہ کھلا پڑتا ہے۔ ہرنام آتا ہے۔)

ہرنام : بھائی صاحب راجیش کھنہ سے وقت طے ہو گیا ہے۔ اس وقت میں فینس جا رہا ہوں۔

گورنام : نہیں تم فینس نہیں جا رہے۔ ابھی کار لے کر جاؤ اور میرے لئے جموں کی پہلی فلائٹ میں سیٹ بک کرا دو۔

ہرنام : (حیران و ششدر) جموں۔

گورنام : تمہارے بھتیجہ ہوا ہے۔

ہرنام : (جوش سے دونوں باہیں پھیلائے آگے بڑھتا ہے) بھائی صاحب!!

(دونوں بھائی ایک دوسرے سے بغلگیر ہوتے ہیں۔)

(پردہ گرتا ہے۔)

***

پڑوسن کا کوٹ

مقام :دلی کی ایک ''پاش'' کالونی میں شری سی بی کے بنگلے کا ڈرائنگ روم۔ جس میں کھانے کی میز کرسیاں، سائڈ بورڈ بھی ہے، ریفریجریٹر بھی رکھا ہے۔ کوچ، سنٹر ٹیبل اور کوچوں کے ساتھ چھوٹی تپائی وغیرہ۔ دو دروازے ہیں۔ ایک برآمدے میں کھلتا ہے۔ دوسرا کچن میں جاتا ہے۔

وقت :۱۹۷۸ء۔ سردیوں کی ایک شام۔

کردار

نیلما :مرکزی وزارت عوامی فلاح و بہبود کے جوائنٹ سکریٹری شری سی بی کھیڑا کی بیوی۔ عمر ۳۵ سال، نہ زیادہ موٹی نہ پتلی دبلی، درمیانہ قد، گورا رنگ، کٹے ہوئے بال، بتیسی ذرا سی باہر کو نکلی ہوئی۔ مسکراتی ہے تو خوبصورت لگتی ہے۔ غصے میں چہرہ بناتے ہوئے چلاتی ہے تو چہرے پر دانت ہی دانت ابھر آتے ہیں اور اسے خوفناک بنا دیتے ہیں۔

مسز گنجو :عمر ۳۵ سال۔ لیکن ۴۰ کی لگتی ہے۔ تیکھے ناک نقشے والی۔ گوری چٹی، گورے بدن کی کشمیری خاتون۔

مسز حنیف : گنجو کی سہیلی۔ گول مٹول۔ ہلکے سانولے رنگ کی۔

مسز سلوجا :نیلما کی سہیلی۔ اوپر سے اعلیٰ اور جدید طبقے سے متعلق خاتون کا خول چڑھائے ہوئے، لیکن باطن میں پرانے خیالات کی عورت۔

پاروتی :اسی عمر کی گوری چٹی خادمہ۔

سی۔بی :شری چندر بدن کھیڑا، نیلما کے آئی اے ایس شوہر۔ عمر ۴۵ سال۔ دوست احباب اور بیوی صرف سی بی کہتے ہیں۔ فربہی کی طرف مائل بدن کے دنیادار اور ملنسار آدمی۔ چہرے پر کچھ ایسا جذبہ جو امیر باپ کی بیٹیوں کے زن مرید شوہروں کے چہروں پر آجاتا ہے۔

رام ادھار :چپراسی۔ عمر چالیس سال۔

خانساماں :جیسا کہ سخت گیر مالکن کے خانساماں کو سنجیدہ ہونا چاہیۓ۔

منظر :(پردہ اٹھتے وقت مسز نیلما کھیڑا جو اپنی سہیلیوں میں نیلو یا نیلی کے نام سے پکاری جاتی ہے، ڈرائنگ روم میں بیٹھی سوئیٹر بن رہی ہے۔ جبھی چپراسی ایک ہاتھ میں ٹفن کیریر اور دوسرے میں اپنے صاحب کا ہینڈ بیگ لئے ہوئے داخل ہوتا ہے۔)

نیلما :سی بی نہیں آئے رام ادھار۔

رام ادھار :آئن ہن میم صاحیب ملار ستوا ماں اتر گئن۔

نیلما :راستے میں! کہاں؟

رام ادھار :پی سی صاحب آپن بنگلا کے گیٹ پر کھڑا رہن۔ انہی صاحب کے بلائی لیہن۔ ایہی سے اوہی اتر گئن۔ آؤر ہم کا ڈرائبر کے سنگ پٹھائے دہن۔

نیلما :آنے کے بارے میں۔۔۔

رام ادھار :ہم سے تو کچھوئنا ہیں کہن میم صاحب!

نیلما :اور میں یہاں چائے کا پانی چڑھائے بیٹھی ہوں۔ (بنا ہوا سوئیٹر کوچ پر پٹک کر اٹھ کھڑی ہوتی ہے۔) سی بی یہی خامی ہے۔ اتنے بڑے افسر ہیں اور ٹائم سنس ذرا نہیں۔

(بے چینی سے کمرے میں گھومنے لگتی ہے۔ اسی وقت ٹیلی فون کی گھنٹی بجتی ہے۔
)

نیلما : دیکھو رام ادھار کون ہے۔

رام ادھار : (ٹیلیفون کا ریسیور اٹھاتے ہوئے) ڈبل سک نین نین نین جی میں رام ادھار بول رہا ہوں۔۔۔جی ہیں۔۔۔جی دیتا ہوں۔ (نیلما کی طرف دیکھ کر) صاحیب کے فون ہے میم صاحب۔

(نیلما تنتناتی ہوئی دو ہی قدموں میں بڑھ کر چپر اسی سے ریسیور جھٹک لیتی ہے۔ رام ادھار ٹفن اور ہینڈ بیگ کچن اور سٹڈی میں رکھنے کے لئے چلا جاتا ہے۔)

نیلما : (غصے سے) سی پی تم وہیں راستے میں رک گئے اور میں چائے کا پانی چڑھائے تمہاری راہ تک رہی ہوں۔ یہ کیا وتیرہ ہے تمہارا کہ دفتر سے گھر آتے آتے راستے ہی میں دوستوں کے ہاں جا بیٹھے ہو۔ چائے ناشتے کے بعد شام کو غپ نہیں ہو سکتی ؟۔۔۔ہاں ہاں سن رہی ہوں۔۔۔اچھا۔۔۔(نرمی سے اکساتے ہوئے) تم تو ذرا دھیرا سے کہنا کہ خود ہی نہیں، بلکہ اپنی پڑوسنوں سے بھی کہہ دیں کہ وہ کلب کے سالانہ چناؤ میں ہمارا ساتھ دیں۔۔۔ہاں ہاں کیا حرج ہے۔ گرین پارک کی لیڈیز کیوں ممبر نہیں بن سکتیں ؟ تم پی سی سے کہنا کہ دھیرا اگر ہماری مدد کرے گی تو میں اپنی جگہ سکریٹری شپ کے لئے اس کے نام پر زور دوں گی۔ ابار شہلا کا جادو توڑ دینا ہے۔۔۔ہاں !۔۔۔تم انھیں سمجھانا کہ شہلا صدر ہے اور نیلما سکریٹری دونوں میں پٹتی نہیں اور کلب کا کام سفر (Suffer) کرتا ہے نیلما صدر ہو جائے اور دھیرا سکریٹری تو کام مزے میں چلے گا۔۔۔ وہ تو ہئی ہے۔ وہ تو ہئی ہے۔ تم ذرا اپنی طرف سے دونوں کو اچھی طرح سے سمجھا دینا۔۔۔ پی سی ان لوگوں کے بھی تو دوست ہیں۔ شہلا کے لئے ان کے دل میں وہ کچھ ذرا نازک

سا۔۔۔ (ہنستی ہے)۔۔۔ اسی لئے، سمجھتے ہو نا۔۔۔ ہاں ہاں!۔۔۔ (ذرا ہنس کر) میں نے تمہیں کتنی بار کہا ہے کہ مجھے محترمہ وحترمہ مت کہا کرو۔۔۔ دوستوں میں ایسا دکھاتے ہو کہ جیسے میرے بغیر۔۔۔ کیا گھر جلدی آنے کا ارادہ نہیں ہے جو اتنا مکھن لگا رہے ہو۔۔۔ ہاں ہاں چائے تو تم وہیں پیو گے۔۔۔ میں جانتی تھی۔۔۔ مسز گنجو اور بیگم حنیف کا انتظار کر رہی تھی۔۔۔ نہیں۔۔۔ اب اکیلے ہی پی لوں گی!

(چپراسی ٹفن کیریر اور ہینڈ بیگ رکھ آتا ہے اور چپ چاپ دروازے کی طرف جانے لگتا ہے کہ فون پر بات کرتے کرتے نیلما ٹوکتی ہے۔۔۔)

نیلما : ٹھہرو! تم سے ذرا بات کرنی ہے۔ (فون میں) نہیں۔۔۔ نہیں۔۔۔ تم سے نہیں کہا سی بی میں چپراسی سے کہہ رہی تھی۔۔۔ اچھا تو اب تم وہیں نہ بیٹھ رہنا۔۔۔ بات کر کے جلدی آنا۔ ذرا پاراشرز کے ہو آئیں گے۔۔۔ ہاں کیا حرج ہے۔۔۔ موہن بھائی کو میری یاد دلانا اور ساتھ لانا۔ (فون رکھ دیتی ہے۔۔۔ رام ادھار سے) خانساماں سے کہو۔ صاحب نہیں آئیں گے۔ چھوٹی کیتلی میں دو پیالی چائے میرے لئے بنا لائے!

(چپراسی چلا جاتا ہے۔ نیلما ریفریجریٹر سے ایک سیب نکالتی ہے اور سائڈ بورڈ سے پلیٹ لے کر اس پر رکھ دیتی ہے۔ سائڈ بورڈ کے خانے سے بسکٹوں کا ڈبہ نکال کر اس میں سے کچھ بسکٹ دوسری پلیٹ میں رکھتی ہے اور دونوں پلیٹیں کھانے کی میز پر سجاتی ہے۔ پھر ایک کرسی پر بیٹھ جاتی ہے۔

اسی وقت آگے آگے رام ادھار اور پیچھے پیچھے خانساماں چائے کی ٹرے لے آتا ہے۔ خالی ٹرے میز پر رکھتا ہے۔ چپراسی ادب سے ایک طرف کھڑا ہو جاتا ہے۔ خانساماں ایک پیالی میں چائے انڈیلتا ہے۔)

نیلما : (غصے بھرے لہجے میں) یہ شکر دانی پوری کی پوری بھر لائے ہو۔ تم

سے کہا نہیں رام ادھار نے کہ صرف میں چائے پیوں گی۔

خانساماں :وہ جی۔۔۔جی وہ صاحب آنے والے تھے۔

نیلما :ہاں صاب آنے والے تھے، لیکن جب نہیں آئے اور صرف مجھے ہی چائے پینا تھی تو شکر واپس نہیں رکھی جا سکتی۔ ہزار بار تم سے کہا ہے کہ جتنے چمچے درکار ہوں، اتنے ہی گن کر شکر دانی میں ڈالا کرو۔ خانساماں کے ہاتھوں کی چابکدستی اڑانے میں ہی نہیں، بچانے میں بھی ہوتی ہے۔

(چائے کی پیالی اپنے سامنے کرتی ہے۔ خانساماں واپس کچن کی طرف چلا جاتا ہے۔ نیلما پلیٹ سے ایک بسکٹ اٹھا کر کترتی ہے اور چائے کی چسکی لیتی ہے۔ پھر چپراسی کی طرف مڑتی ہے۔)

نیلما :تم نے پاروتی سے باتیں کیں رام ادھار؟

رام ادھار :کرے رہن میم صاحب!

نیلما :تو؟

رام ادھار :او بات ای ہے میم صاحیب کہ سیلا میم صاحیب او کے چھوڑے کا تیار ناہیں ہیں۔

نیلما :(قہر و غضب سے) چھوڑنے کو تیار نہیں۔ کیا شہلا نے خرید لیا ہے اسے۔ جب وہ کام کرنا نہیں چاہے گی تو وہ اسے کیسے زبردستی رکھ لے گی۔

رام ادھار :بات ای ہے میم صاحیب کہ پاربتی کے اوہاں نوکری کرت بہت دن ہوئے گئن۔ ٹکو بابا او سے بہت ملے ہن۔ او ہو کے من ماں ممتا ہے۔ آپ جیسے سمجھائے رہن ویسے ہم پاربتی کے سیلا میم صاحیب سے بات کرئے بدلے کہے رہے۔

نیلما :(بے خبری سے) پھر؟

رام ادھار :اواو کے پندرہ روپیہ کی ترکی دے دہن۔

نیلما :(قدرے جھٹکا لگتا ہے) ایک ساتھ۔

رام ادھار :جی میم صاحیب!

نیلما :لیکن پاروتی نے مجھے کیوں نہ بتایا۔ میں دھیرا سے کہہ کر دو روپے زیادہ ہی دلا دیتی۔

رام ادھار :جی میم صاحیب! او دھیر میم صاحیب کے ایہاں ناہیں چاہئے چاہت۔

نیلما :کیوں؟

رام ادھار :پتہ نہیں اوسے کے کہہ دہس کہ دھیرا میم صاحیب بہت کھٹ کھٹ کرت ہیں۔

نیلما :(چمک کر) آیا نے کہا ہو گا۔ وہ آیا ایک ہی بد ذات ہے۔ اسی کی جگہ تو وہ پاروتی کو رکھنا چاہتی ہیں۔

رام ادھار :بات ای ہے میم صاحیب، پاربتی عورت جات ہے، او کرے من ماں بھئے بیٹھ گا ہے۔ سیلا میم صاحیب آپ کے سامنے تو رہت ہن۔ روج آپ سے ملت ہن۔ آپ ہی کاہے ناہیں کہہ دیتن کہ او کے چھوڑے دیں۔

نیلما :تم تو احمق ہو۔ میں شہلا سے کیسے کہہ سکتی ہوں۔

(چائے کی پیالی وہیں چھوڑ کر کمرے میں چکر لگاتی ہے۔ پھر چپر اسی کے سامنے آکر کھڑی ہو جاتی ہے۔)

نیلما :دیکھو رام ادھار۔۔۔ ایک بات سمجھ لو۔۔۔ اگر تمہاری بیوی شہلا کے گھر کام کرنا نہیں چھوڑتی تو تم نہ صاحب کے دفتر میں کام کر سکتے ہو نہ ہمارے بنگلے میں رہ سکتے ہو۔

(رام ادھار چپ رہتا ہے۔)

نیلما : تم فاقے کرتے تھے، جب میں نے تمہیں اپنے کالج میں چپراسی رکھوا دیا۔ یاد ہے؟

(رام ادھار کوئی جواب نہیں دیتا۔)

نیلما : جب تین سال بعد صاحب سے میری شادی ہو گئی اور ہم دلی سے جانے لگے تو میں نے تمہیں ساتھ چلنے کے لئے کہا تھا یاد ہے؟

(رام ادھار صرف خاموش رہتا ہے۔)

نیلما : لیکن تم پاربتی کے چکر میں پڑے تھے، نہیں گئے اور نہ ڈپٹی کلکٹروں اور کلکٹروں کے چپراسی مالکوں سے زیادہ مزے کرتے ہیں۔ لیکن میری بات تمہاری سمجھ میں نہیں آئی۔ تم یہاں رہ گئے، بیمار پڑ گئے۔ گاؤں چلے گئے۔ چھ مہینے وہاں پڑے رہے۔ پیچھے تمہاری نوکری چھوٹ گئی۔ واپس دلی آئے۔ پھر تمہاری کوئی پکی نوکری نہیں لگی۔ جب تین سال پہلے صاحب جوائنٹ سکریٹری ہو کر یہاں آئے اور تم ایک دن اچانک کناٹ پیلیس میں سامنے پڑ گئے تو میں تمہیں پہچان تک نہ سکی۔ اتنی بری حالت تھی تمہاری۔ تمہیں نے پہچانا یاد ہے؟۔۔۔ ارے بولتا کیوں نہیں۔

(رام ادھار بدستور خاموش رہتا ہے۔)

نیلما : لگتا تھا جیسے ہفتوں سے تمہارے منہ میں دانا نہیں گیا۔ میں نے صاحب سے کہہ کر تمہیں ان کے دفتر چپراسی بھرتی کرا دیا۔ کوئی پوسٹ نہیں تھی۔ پھر بھی عارضی طور پر تم چپراسی بنے چلے آ رہے ہو۔ وہاں نہال چند کے کتنی گندی غلیظ اندھیری اور رسیلی کوٹھری میں تم لوگ رہتے تھے۔ وہاں سے لا کر تمہیں بنگلے میں جگہ دی۔

رام ادھار :(عاجزی آمیز سختی سے) سبتے یاد ہے میم صاحیب۔ ہموٗ آپ کے سیوا ماں کوتوں کسر ناہیں اٹھاوت رہے۔ تنکھا دپتر سے پائت ہے، لیکن سبیرے چارے بجے سے دس بجے راتے تک آپے کا ڈیوٹی وئیت ہے۔ پاربتی سیلا میم صاحیب کے ایہاں پورے مہینہ کی تنکھا پاوت ہے۔ تبھوٗ جب آپ کا کام پڑت ہے، دوڑی آوت ہے۔

نیلما :وہ سب ٹھیک ہے، لیکن میں کب سے کہہ رہی ہوں کہ پاروتی کو کسی اور جگہ نوکری کرنے کے لئے کہو۔ دھیرا کے یہاں نہ سہی، دوسرے دس گھروں میں اسے اتنے پر، بلکہ اس سے بھی کچھ زیادہ پر۔۔۔

رام ادھار :(پینترا بدل کر) ہم تو مناوت رہت ہیں میم صاحیب کہ بھگوان آپے کا گودی بھرے اور پاربتی آپ کے بچوا کے کھلاوے۔ آپ دس دیئیں یا کچھو نہ دیتیں۔

نیلما :تم باتیں بہت کرنا سیکھ گئے ہو رام ادھار۔ دیکھو اگر پاروتی سامنے کے گھر میں کام چھوڑ دے گی، تو جیسے بھی ہو گا میں تمہاری نوکری پکی کرا دوں گی۔ نہیں چھوڑے گی تو تم لوگ مجھے جانتے ہو۔۔۔ (باہر کال بل بجتی ہے) دیکھو کون ہے؟ بنا مجھ سے پوچھے مت بول دینا کہ۔۔۔ (آ کر پھر ڈرائنگ ٹیبل پر بیٹھ جاتی ہے۔۔۔ زور سے آواز دیتی ہے۔) خانساماں!

خانساماں :(کچن سے) جی میم صاب!

نیلما :یہ پیالی ٹھنڈی ہو گئی۔ ایک پیالی اور بناؤ۔

(پیالی کی چائے واش بیسن میں گراتا ہے۔ تھوڑا سا چائے کا پانی ڈال کر کر پیالی گرم کرتا ہے، پھر تازہ چائے ڈالتا ہے۔ رام ادھار باہر کے دروازے سے داخل ہوتا ہے۔
)

رام ادھار :میم صاحب! گنجو میم صاحیب اور بیگم حنیف ہئیں۔

نیلما : انھیں ادھر بھیج دو اور تم جاؤ اور پاروتی کو سمجھاؤ۔ (خانساماں سے) چائے کا پانی اور چڑھا دینا۔

(خانساماں چلا جاتا ہے۔ نیلما جلدی جلدی ہاتھ کا بسکٹ ایک ساتھ کھا کر چائے پیتی ہے۔ رام ادھار کے پیچھے پیچھے مسز گنجو اور مسز حنیف آتی ہیں۔)

نیلما : یہ ساڑھے پانچ بجے شام آئی ہو۔ پورا آدھا گھنٹہ انتظار کر کے اکیلی چائے پینے لگی تھی۔ (رام ادھار کو واپس جاتے دیکھ کر) رام ادھار میری بات یاد رکھنا۔ (مہمانوں سے) آؤ۔ آؤ۔ ادھر ہی آ جاؤ (پلیٹ آگے کر کے) لو، اتنے میں ایک ایک بسکٹ لو۔

(اٹھ کر ریفریجریٹر سے دو سیب اور نکال کر، ایک پلیٹ میں کچھ دال موٹھ دوسری میں نمک پارے اور تیسری میں ریفریجریٹر سے رس گلے نکال کر پلیٹیں اپنی سہیلیوں کے آگے رکھتی ہے۔)

مسز گنجو : ہم تو عین وقت پر پہنچ جاتے کہ تم سے وعدہ کیا تھا، لیکن سوچا راستے میں ذرا پاراشرز کے یہاں ہوتے چلیں۔

نیلما : میں خود سوچ رہی تھی کہ سی بی آ جائیں تو میں بھی مسز پاراشر کے یہاں ہو آؤں (سرگوشی میں) کچھ اندازہ کیا، ہوا کا رخ کدھر ہے؟

مسز گنجو : ہم تو دو تین دن سے گھوم رہے ہیں۔ جو سب کا حال ہے وہی مسز پاراشر کا ہے۔

نیلما : کیا مطلب؟

مسز گنجو : مطلب یہی کہ کچھ پتہ نہیں چلتا۔ کہتی سب یہی ہیں کہ آپ جو کہیں گی، ویسے ہی کریں گی، لیکن کسی کی بات چیت اور اشارے کنائے سے ان کے من کا

اندازہ نہیں ہوتا۔ چناؤ کے سلسلے میں لوگ بہت چالاک ہوگئے ہیں۔

مسز حنیف : کسی نے جواب میں بھی خیال نہیں کیا تھا کہ ۷۷ میں اندرا ہار جائیں گی اور اس بری طرح ہار جائیں گی۔ رشیدہ کانگریس میں ہے۔ ان دنوں کنویسنگ کرتی تھی۔ اسی سے معلوم ہوا کہ کنویسر جب پہنچتے تو تو لوگ دانت نکال کر سر ہلا دیتے کہ جیسا آپ کہتی ہیں ویسا ہی ہوگا۔ کہ ہم بھی یہی سوچتے ہیں۔ نتیجہ کیا نکلا، یکدم نیچے کا اوپر ہو گیا۔

مسز گنجو :اب بھئی بات یہ ہے کہ وہ لوگ بھی چپ نہیں بیٹھے ہیں۔ سنہا اور شیلا۔

نیلما :شہلا کہو شہلا۔ سنہا کو یہی نام پسند ہے اور تو اور اب شیلا بھی اپنے آپ کو شہلا کہنے لگی ہے۔

مسز حنیف :شہلا یا شیلا؟ لکھتی تو وہ ایس۔ ایچ۔ ای۔ آئی۔ ایل۔ اے ہے۔

نیلما :کوئی شہلا کہتا ہے، کوئی شیلا، کوئی شیلا مگر ہمارے پڑوسی کی بیوی تو اسے ہمیشہ سیلا کہتی ہے۔

(تینوں تکلف سے تھوڑا ہنستی ہیں۔)

مسز گنجو :میں تو اسے شیلا ہی پکارتی ہوں اور میرے سامنے تو اس نے کبھی یوں بننے کی کوشش نہیں کی۔ بہر حال میں کہہ یہ رہی تھی کہ وہ دونوں پھر کی طرح گھوم رہے ہیں۔

مسز حنیف :اب میاں بیوی کے پاس اپنی اپنی کار ہے تو۔۔۔ ہماری طرح تو نہیں کہ میاں دفتر سے آئیں تو کار میں جانا نصیب ہو۔

مسز گنجو :سنہا صاحب کی اتنی بڑی فرم ہے۔ چار ہزار ان کی تنخواہ مکان اور کار اور دو نوکر کمپنی کی طرف سے۔ پھر واہی تباہی منافع۔ شیلا کا دل بھی دریا ہے۔ اتنے تحفے

تحائف بانٹتی رہتی ہے کہ پچھلے دس برس سے کلب کی ممبر بنی چلی آ رہی ہے۔

نیلما : (مسکراتے ہوئے۔ ذرا طنز سے) اپنا روپیہ کون اڑاتا ہے۔ ہزاروں روپیہ چندے میں اکٹھا ہوتا ہے۔ ہزاروں کی سرکار سے مدد ملتی ہے۔ سماج سیوا بھی ہو جاتی ہے اور بزنس بھی بڑھتا ہے۔ ایسے ہی تو پھرکی کی طرح ان کی کاریں نہیں گھوم رہی ہیں۔

مسز حنیف : (سرگوشی سے) آپ تو مسز کھیڑا سال بھر سے کلب کی سکریٹری ہیں۔ دیکھا کچھ ادھر ادھر کرتے شہلا کو؟

نیلما : (ہاتھ چمکا کر) میرے رہتے کچھ ایسا ویسا ہو سکتا ہے کیا؟ اسی لئے تو میں شہلا کو ایک آنکھ نہیں بھاتی (جھلا کر اٹھتی ہے) اس خانساماں کمبخت کو کیا ہو گیا ہے۔ ابھی تک چائے نہیں لایا۔

مسز گنجو : ارے نیلو! تم بیکار تکلف کرتی ہو۔ چائے تو ہم پاراشرز کے۔۔۔

نیلما : چائے پر جب میں نے بلایا تھا تو وہاں کیسے پی آئیں۔ رکو میں منٹ بھر میں آئی۔

(خانساماں! خانساماں! پکارتی ہوئی کچن کی طرف نکل جاتی ہے۔)

مسز گنجو : (آنکھوں کی بھویں اوپر اٹھا کر، دھیرے سے) مسز پاراشر کیا کہتی تھیں۔۔۔

مسز حنیف : یہی کہ کب کا روپیہ خرد برد کرنا چاہتی ہے۔ شہلا نے ساتھ نہیں دیا تو اس کے پیچھے پڑ گئی ہاتھ دھو کر۔ اب اس کا مالک اتنا کماتا ہے۔ بڑے باپ کی بیٹی ہے، اسے کیا ضرورت ہے کلب کا روپیہ ہڑپنے کی۔

مسز گنجو : (سرگوشی سے) دیکھو بانو! تم اپنی طرف سے کچھ نہ کہنا۔ بس ے ے کے

ووٹروں کی طرح سر ہلا دینا۔ (ہنستی ہے) میں تو اس کے ساتھ پڑھتی تھی۔ یہ سخت کینہ پرور عورت ہے۔ کھیڑا یوں بھی خاصے بدنام آدمی ہیں۔ دلی آنے سے پہلے جہاں تھے وہاں ان پر رشوت کے بڑے الزامات تھے۔ انکوائری تک بیٹھ گئی تھی۔ سرکار نے بال اور پر نوچ کر سنٹر میں بٹھا دیا۔

مسز حنیف :ہاں بھائی اپنی عزت اپنے ہاتھ! بغیر کچھ کئے ہاتھ چلتے یں۔ کرنے پر تو۔۔۔

مسز گنجو :ارے ہم کچھ کیوں کریں گے۔ باڑھ کے دکھیاروں کے لئے دن رات ایک کر کے روپیہ اکٹھا کیا ہے۔ ہمارے لئے تو کانی کوڑی بھی حرام ہے۔

(آگے آگے نیلما پیچھے پیچھے چائے کی ٹرے لئے خانساماں داخل ہوتا ہے۔ نیلما پیالوں میں چائے ڈالتی ہے۔)

نیلما :چینی گنجو؟

مسز گنجو :میرے پیالے میں چینی نہیں۔

نیلما :سیکرین کی گولی ڈال دوں۔ کھیڑا صاحب کے بلڈ میں ڈاکٹر نے کچھ شک ظاہر کیا تھا سو۔۔۔

مسز گنجو :نہیں نہیں، اس کا ذائقہ مجھے اچھا نہیں لگتا۔ اب تو بغیر چینی کے پینے کی عادت ہو گئی ہے۔

نیلما :اور آپ بانو؟

مسز حنیف :بس ڈیڑھ چمچ۔

نیلما :تم تو گنجو میٹھا لو گی نہیں۔ یہ نمک پارے اور دال موٹھ لو (دونوں پلیٹ مسز گنجو کے آگے کرتی ہے) تمہارے لئے میں بانو سیب چھیلتی ہوں۔ اتنے میں تم

بسکٹ یا رس گلے لو۔

مسز گنجو :ارے تم فکر نہ کرو۔ ہم لے لیں گے۔

(فون کی گھنٹی بجتی ہے۔)

نیلما :(زور سے چلا کر) خانساماں ذرا فون دیکھو۔

(خانساماں بھاگا بھاگا آتا ہے اور فون اٹھاتا ہے۔)

خانساماں :ہیلو! جی کھیڑا صاحب کے بنگلے سے بول رہے ہیں۔۔۔ نہیں صاحب گھر پر نہیں ہیں۔۔۔ کون صاحب بول رہے ہیں۔۔۔ ذرا رکئے بتاتے ہیں۔ (ریسیور پر ہاتھ رکھ کر) میم صاحب کوئی آر بی کھیڑا ہیں۔ آپ کو پوچھ رہے ہیں۔

نیلما :کہو وہ نہیں ہیں۔

خانساماں :میم صاحب یہیں تھیں۔ پڑوس کے بنگلے میں چلی گئی ہیں۔ آپ نمبر دے دیجئے۔

(خانساماں فون رکھ دیتا ہے۔)

نیلما :فون نمبر وہاں پیڈ پر نوٹ کر دو۔

خانساماں :انھوں نے کہا وہ پھر فون کریں گے۔

(واپس چلا جاتا ہے۔)

نیلما :(سیب چھیل کر پلیٹ مسز حنیف کے سامنے رکھتے ہوئے) دیکھو گنجو! تم سے کوئی پردہ نہیں۔ تم میری کلاس فیلو رہی ہو۔ پھر گنجو صاحب اور کھیڑا صاحب اکٹھے کام کرتے ہیں۔ تم پر میرا حق ہوتا ہے۔

مسز گنجو :کیوں نہیں۔۔۔ کیوں نہیں۔!

نیلما :میں یہ جانتی ہوں کہ شہلا سے آپ لوگوں کی اچھی راہ و رسم ہے۔

لیکن میں یہی کہنا چاہتا ہوں کہ میں بھی آپ سے دور نہیں۔ یوں دوستی کی شرط میں یہ مانتی ہوں کہ دوست آپ کے لئے کچھ کرے۔ اتنے برسوں سے شہلا صدر بنی ہوئی چلی آرہی ہے، اس نے تمہیں گنجو ایگزیکٹیو میں تو نہیں لیا۔۔۔

مسز گنجو :میں نے کبھی چاہا بھی نہیں۔

نیلما :تمہارے نہ چاہنے سے کیا ہوتا ہے۔ میں صدر ہو جاؤں تو دیکھوں تم کیسے میری ایگزیکٹیو میں نہیں آتیں بلکہ میں تو تمہارا نام سکریٹری کے طور پر پروپوز کرنے کی سوچتی ہوں۔ کیوں گنجو کیا ایسا نہیں ہو سکتا کہ تم صدارت کے لئے میرے نام کی۔۔۔

مسز گنجو :بھائی دیکھو تم مجھ سے اپنا نام پروپوز وروپوز، مت کراؤ باقی ہم تمہارے ساتھ ہیں۔

نیلما :آپ بانو! (فون کی گھنٹی بجتی ہے۔ زور سے آواز دیتی ہے) خانساماں!

(خانساماں بھاگا بھاگا آتا ہے۔ فون اٹھاتا ہے۔)

خانساماں :ہیلو۔۔۔ جی ہاں۔۔۔ میں خانساماں بول رہا ہوں۔۔۔ ابھی دیکھ کر بتاتا ہوں۔ کچھ مہمان آئے ہوئے ہیں۔۔۔ (ریسیور پر ہاتھ رکھ کر) کانتا میم صاب کا فون ہے۔

نیلما : کہدو میم صاحب ابھی پانچ منٹ میں آپ کو فون کریں گی۔

خانساماں :میم صاب، ابھی پانچ منٹ میں آپ کو فون کرتی ہیں۔

(خانساماں ریسیور رکھ دیتا ہے۔)

مسز گنجو :اچھا تو نیلو ہم چلتے ہیں۔

نیلما :ارے بیٹھو پانچ منٹ۔ ہاں تو بانو صاحبہ۔۔۔ میں کچھ امید کروں۔

مسز حنیف :ہم تو خادم ہیں۔

نیلما :کلب کی ایگزیکٹیو میں مائنورٹی کمیونٹی کی نمائندگی بہت کم ہے۔ میں صدر بنی تو آپ کو میرے ساتھ ایگزیکٹیو میں کام کرنا ہوگا۔

مسز گنجو :تم بانو کی طرف سے بے فکر رہو۔ یہ دوستوں کی دوست ہیں۔ (اٹھتی ہے۔ مسز حنیف بھی اٹھتی ہیں) اچھا تو نیلو، اب اجازت دو۔

مسز حنیف :یہ کوٹ تو آپ نے مسز کھیڑا بہت شاندار بنوایا ہے۔ کیا ولایتی کپڑا ہے؟

نیلما :نہیں۔ او سی ایم کا ہے۔ انھوں نے ولایت والوں کی طرز پر لیڈیز کوٹنگ کا یہ ڈیزائن نکالا ہے۔ کھنہ کہتا تھا کہ طرح طرح کی شالیں چل جانے سے کوٹوں کا رواج کم ہو رہا ہے۔ اس لئے انھوں نے ایک ہی تھان منگایا تھا۔ گرمیوں میں پہاڑ پر جاتے ہیں۔ کوٹ کے بغیر کام تھوڑی چلتا ہے۔

مسز حنیف :(چلتے چلتے) کتنے میں بن گیا ہوگا؟

نیلما :یوں تو ڈھائی پونے تین سو میں بن جانا چاہئے۔ لیکن اس کی لائننگ ذرا قیمتی ہے۔ این ایس احمد آباد کی۔ کھنہ کہتا تھا کہ درزی تو اتنی مہنگی لائننگ لگاتے نہیں اور لائننگ کو خرید کر درزی کو دینے کی زحمت کوئی مول لیتا نہیں۔ سو دو تھان انھوں نے اپنے ہی لئے منگائے تھے۔ میرے زور دینے پر کھنہ نے کوٹ کو لائننگ دے دی۔ پچاس زیادہ لگ گئے۔ (کوٹ کے بٹن کھول کر اندر کی لائننگ دکھاتی ہے۔) دیکھو نا کتنی شاندار ہے، کتنی ملائم اور پھر رنگ اور ڈیزائن کیسا خوبصورت ہے۔

مسز حنیف :(کوٹ کے کپڑے اور لائننگ پر ہاتھ پھیرتے ہوئے) جی چاہتا ہے کہ مل جائے تو ایک کوٹ ایسا ہی میں بھی بنوالوں۔ (اٹھتی ہے۔ نیلما بھی اٹھتی ہے) نہیں نہیں اب آپ بیٹھئے۔

نیلما :ذرا خیال رکھئے گا اور اپنی سہیلیوں سے بھی کہئے گا۔ تم بھی گنجو۔

مسز گنجو :ضرور ضرور! (چلتی ہیں۔ نیلما دروازے تک چھوڑنے جاتی ہے۔ نیلما کو وہیں۔ روک کر) اب تم بیٹھو۔ بائی۔۔۔ بائی۔۔۔

(نیلما ہاتھ اٹھا کر بائی کہتی ہے۔ دونوں سہیلیاں چلی جاتی ہیں۔ نیلما دروازہ بند کر کے پلٹتی ہے۔ فون کی گھنٹی پھر بجتی ہے۔)

خانساماں :(اندر سے آکر فون اٹھاتا ہے) جی میں خانساماں بول رہا ہوں۔۔۔ جی ذرا رکئے (ریسیور کے آگے ہاتھ رکھ کر) کانتا میم صاحب کا فون ہے۔

نیلما :بولو، آتی ہیں۔

خانساماں :جی آ رہی ہیں۔

(ریسیور تپائی پر رکھ دیتا ہے۔ کچھ لمحے بعد نیلما ریسیور اٹھاتی ہے۔ خانساماں کچن میں چلا جاتا ہے۔)

نیلما :میں تمہیں فون کرنے ہی والی تھی کانتا۔۔۔ ارے نہیں سچ! گنجو اور بانو آگئی تھیں۔۔۔ اب کیا بتا سکتی ہوں۔ انھیں کہہ دیا ہے اور انھوں نے وعدہ بھی کر لیا ہے لیکن میں ان پر بینک نہیں کر سکتی۔ بینک تو میں تم پر، دھیرا پر اور دوسری دوستوں پر کرتی ہوں۔۔۔ ہاں میرے ساتھ پڑھی ہے گنجو۔۔۔ لیکن شہلا سے بھی اس کا بہت میل جول ہے۔ اب بھئی شہلا اتنی پڑھی لکھی نہیں۔۔۔ ہاں۔۔۔ ہاں۔۔۔ بی اے ہے۔ لیکن بی اے تو آج کل چپراسی بھی ہوتے ہیں۔ یہ ڈی فل اور ڈی لٹ قسم کی چیزیں شہلا کے لئے بہت بڑی توپ ہیں۔ یہ اس کے ہاں جاتی ہیں تو ان کی بڑی خاطر تواضع کرتی ہے۔ خودی عزت اور آبرو کا خیال اور سوفسکیشن تو شہلا میں ہے نہیں۔ ان کے آگے بچھ بچھ جاتی ہے۔ ان کی انا کو بھی تسکین ملتی ہے۔ میرے تو برابر کی ہے گنجو میں تو وہ سب نہیں کر

سکتی۔۔۔ہاں ہاں وہ تو ہے۔۔۔وہ تو ہے۔۔۔وہ کہہ تو گئی ہے کہ ہم آپ کے ساتھ ہیں۔۔۔ نہیں، پروپوز، وہ نہیں کرے گی۔۔۔(باہر کے دروازے پر کال بل بجتی ہے) ایک منٹ رکو کانتا باہر کوئی آیا ہے۔(فون کے آگے ہاتھ رکھ کر خانساماں سے جو کچن سے آگیا ہے) دیکھو خانساماں کون ہے ؟(خانساماں دروازے کی طرف جاتا ہے) اور سنو کوئی صاحب کو پوچھ رہا ہو تو نام پتہ لے لینا اور چلتا کر دینا۔ کوئی مجھ سے ملنے والا ہو تو ادھر برآمدے میں بٹھانا۔۔۔اور دیکھو مجھے بات کرتے ہوئے ڈسٹرب مت کرنا۔۔۔

خانساماں :(تسلیم کرتے ہوئے سر ہلا کر) جی میم صاب۔

(چلا جاتا ہے۔)

نیلما :(ریسیور سے ہاتھ ہٹا کر) تو میں کہہ رہی تھی کہ "پروپوز" تو میرا نام تم کو یا دھیرا کو کرنا پڑے گا۔ اب تم دونوں مل کر طے کر لو۔ (قدرے دھیمی آواز میں) دیکھو کانتا۔ ہم کو گٹ تو بنانا ہی پڑے گا۔ جب ملک کی سیاسی پارٹیوں کا، ملک کی سرکار کا کام گٹوں کے بغیر نہیں چلتا تو ہمارا ہی کیسے چلے گا۔ ہم ایک دوسرے کو سپورٹ کریں گے، جبھی کچھ کر سکیں گے۔ میں چاہتی ہوں کہ تم خزانچی بنو۔۔۔ارے نہیں کیا۔۔۔ بینک کے مینجر کی بیوی ہو اور خزانچی بننے سے گھبراتی ہو۔ ہم سارا اکاؤنٹ تمہارے مہروترا صاحب کے بنک میں ٹرانسفر کر دیں گے۔ مانو نہ مانو۔ بنا گٹ بنائے۔ بنا ایک جٹ ہوئے کام چلے گا نہیں۔۔۔ سی بی بتاتے تھے کہ سماجی فلاح و بہبود کے شعبے میں بہت سی ایسی اسکیمیں ہیں جن سے غریبوں کو راحت پہنچانے کے لئے سرکار روپیہ دیتی ہے۔۔۔ اب یہ تو صدر اور خزانچی کو ہی معلوم ہونا چاہئے کہ کہاں کتنا خرچ ہوا۔ (طنز سے) کون کتنا رکھتا ہے یہ۔۔۔(فوراً لہجہ بدل کر) نہیں نہیں میں یہ نہیں کہتی کہ شہلا ایسا کرتی ہے۔۔۔ لیکن بغیر کسی فائدہ کے وہ یوں ہی تو اس عہدے سے نہیں چمٹی ہوئی۔۔۔ہاں۔۔۔ہاں۔۔

۔ ہزار دو ہزار اپنے پاس سے بھی خرچ کر دیتی ہو گی۔۔۔ لیکن یہ تو دیکھو کہ جن غریبوں میں وہ روپیہ بانٹتی ہے ان کے ووٹ کنٹرول کرتی ہے۔۔۔ اور سیاست میں اس کی بڑی اہمیت ہے۔۔۔ ہاں ہاں میں نے بھی سنا ہے کہ سنہا صاحب کارپوریشن کے چناؤ میں کھڑے ہونا چاہتے ہیں۔۔۔ تو بس تم خود ہی سوچ لو۔۔۔ ہاں ہاں اثر ورسوخ کی بات بھی ہے ہی۔

(خانساماں چپ چاپ کھڑا ہو جاتا ہے کہ نیلما اپنی بات ختم کرے تو وہ اپنی کہے۔)

نیلما :تو میں تم پر بینک کروں۔ یقین رکھو اگر میں صدر ہوتی ہوں، دھیرا سکریٹری، تم خزانچی اور ایگزیکٹیو میں ہماری اکثریت ہوتی ہے تو مہروترا صاحب کا بھی اس میں یقیناً بہت فائدہ ہو گا۔ ٹھیک ہے تم سوچ لینا میں کل شام چھ بجے تمہاری طرف آؤں گی (ہنستی ہے) سعیدہ بانو! ارے وہ تو مسز گ نجو کی ضمیمہ ہے۔ گنجو جو کرے گی وہی بانو کرے گی۔۔۔ میرے کوٹ کی بڑی تعریف کر رہی تھی اور خود بھی بنوانا چاہتی ہے۔۔۔ ہاں ہاں۔۔۔ تم نے بھی کی تھی۔۔۔ دیکھوں گی اگر کپڑا مل گیا تو تمہارے لئے ایک کوٹ کا ضرور لاؤں گی۔۔۔ اچھا بائی۔۔۔ کوئی باہر ملنے کے لئے آیا ہوا ہے۔ او۔کے۔

(ریسیور رکھ دیتی ہے۔)

نیلما :کون ہے؟

خانساماں :سلوجا میم صاب ہیں۔

نیلما :سرلا!۔۔۔ ارے تو لے آتے۔

خانساماں :آپ ہی نے کہا تھا کہ آپ سے کوئی ملنے آئے تو۔۔۔

نیلما اسے ادھر بٹھانے کو تھوڑی کہا تھا۔ مگر ٹھیک ہے ادھر کے برآمدے میں سبھی آجاتے ہیں اور میں نہیں چاہتی کہ سلوجا کو شہلا کی کوئی دوست یا پڑوسن یہاں

دیکھے۔ کوئی آئے تو باہر بٹھانا۔ یہ مت کہنا کہ ادھر بیٹھی ہوں۔ کہنا کہ دیکھ کر بتاتا ہوں۔ پڑوس میں نہ نکل گئی ہوں۔

خانساماں   :جی بہتر میم صاب۔

(نیلما باہر جاتی ہے۔ خانساماں دروازے کی چٹخنی چڑھا کر کھانے کی میز صاف کرتا ہے۔ پھلوں اور رس گلوں کی پلیٹیں ریفریجریٹر میں اور نمکین وغیرہ کی طشتریاں سائڈ بورڈ پر ٹکا کر چائے کی پیالی اور ٹی پاٹ وغیرہ ٹرے میں رکھ کچن کو لے جاتا ہے۔ کچھ لمحوں کے بعد کال بل بجتی ہے۔ خانساماں باورچی خانے سے بھاگا آتا ہے اور دروازہ کھولتا ہے۔ جناب چندر بدن کھیڑ اجو دوست احباب اور قریبی رشتے داروں اور عزیزوں میں سی بی کے نام مشہور ہیں داخل ہوتے ہیں۔)

سی بی   :(بیوی کو آواز دیتے ہوئے) محترمہ نیلما جی!

خانساماں   :میم صاب سلوجا میم صاب کے ساتھ ادھر کے برآمدے میں بیٹھی ہیں۔ بلا لاؤں صاب؟

سی بی   :انہیں بیٹھنے دو۔ تم پانی کا ایک گلاس لے آؤ (پیچھے کی طرف مڑ کر) آؤ موہن آؤ۔

(موہن ایک خوش پوش نوجوان۔ سی بی صاحب کے پیچھے داخل ہوتا ہے۔ ٹھیکے دار ہے۔ قومی فلاح و بہبود کے ڈپارٹمنٹ سے ٹھیکے لیتا ہے۔ تاہم سی بی صاحب سے عمر میں دس سال چھوٹا ہے۔ لیکن ان سے خاصا بے تکلف ہے۔)

سی بی   :(موہن سے) محترمہ نیلما جی تو ادھر برآمدے میں اپنی اس چڑیا کی بیگم جیسی سہیلی کے ساتھ بیٹھی ہیں۔ تم آرام سے بیٹھو موہن۔ میں بہت تھک گیا ہوں، ذرا لیٹوں گا۔

موہن :(جو کوچ پر بیٹھ گیا تھا مگر سی بی صاحب کی بات سن کر ذرا سا اٹھتا ہے اور دونوں ہاتھ بڑھا کر کہتا ہے) ہاں ہاں آپ آرام کیجئے۔

(سی بی صاحب لمبے کوچ پر لیٹ جاتے ہیں اور لیٹنے سے پہلے تپائی سے ویکلی اٹھا کر موہن کی طرف پھینکتے ہیں۔)

سی بی :تم ذرا ویکلی دیکھو۔ خشونت سنگھ کا تو پتا کٹ گیا۔ تازہ سنڈے میں اس کے بیٹے راہل کا بیان چھپا ہے کہ مالکوں نے کیسے ان سیریمونئیلی اس کو چلتا کر دیا اور یہ لوگ کہتے ہیں کہ ایمر جنسی میں جو آواز بند ہو گئی تھی، اسے آزاد کر دیا گیا ہے اور سنسر شپ ہٹا دی گئی ہے۔

(بغل سے گڈی اٹھا کر سر کے نیچے رکھتے ہیں اور سر کو ذرا سا ٹھیک کر کے آرام سے لمبے کوچ پر دراز ہو جاتے ہیں اور اخبار پڑھنے لگتے ہیں۔)

موہن :تب تو ایک ورگھیز کو لے کر ہائے توبہ مچی تھی۔ اب تو تین تین ایڈیٹروں کو ہٹا دیا گیا ہے۔ مزے کی بات تو یہ ہے کہ ہندی روزنامے کے جس ایڈیٹر کو عمر کی بنا پر ریٹائر کیا گیا ہے، ایڈیٹر اس سے کئی سال بڑا ہے۔

(سی بی فرمائشی قہقہہ لگاتے ہیں۔ موہن ویکلی کے صفحے پلٹتا ہے۔ خانساماں پانی کا گلاس لے کر آتا ہے تپائی رکھ جاتا ہے۔ اسی وقت نیلما کے تیز تیز چلنے اور چلانے کی آواز آتی ہے۔ دوسرے لمحے دروازہ پٹاخ سے کھلتا ہے۔ پاروتی کا بازو پکڑے چلاتی ہوئی آگے آگے نیلما، پیچھے رام ادھار اور سرلا داخل ہوتے ہیں۔ نیلما پاروتی کو گھسیٹتی ہوئی کمرے کے عین وسط میں آ جاتی ہے۔۔۔ پاروتی خوبصورت ہے، جس نے بالکل نیلما جیسا کوٹ پہن رکھا ہے۔ پانوں میں اس کے آلتا ہے۔ چاندی کی پازیب اور صاف ستھری سوتی ساڑی پہنے ہے۔ لیکن اس کے باوجود اس کا سارا وجود اس کے نوکرانی ہونے کی چغلی کھاتا ہے۔

رام ادھار وہاں دروازے کے پاس رک جاتا ہے۔ سرلا بڑھ کر دوسرے سنگل کوچ پر بیٹھ جاتی ہے۔)

نیلما　　: تیری جرأت ہوئی کیسے، میرے بنگلے میں رہ کر میرا مقابلہ کرنے کی!

(نوکرانی کا بازو چھوڑ کر کمرے کا چکر لگاتی ہے۔ معاً اس کی نگاہ کوچ پر لیٹے اپنے شوہر پر جاتی ہے جو اچھل کر اٹھ بیٹھتا ہے۔)

نیلما　　: اچھا ہوا سی بی تم آ گئے۔ تم ہمیشہ اس پاروتی کی طرف داری کرتے ہو اور مجھ پر الزام لگاتے ہو۔ دیکھو ذرا اس بدتمیز عورت کی حرکت۔

(پھر پاگلوں کی طرح کمرے میں چکر لگاتی ہے۔)

سی بی　　: ہوا کیا محترمہ؟

نیلما　　: (بالکل شوہر کے پاس جا کر جیسے اس کے سر پر سوار ہو کر گرجتے ہوئے) ہوا میرا سر۔ کبھی تو سیریس رہ کر بات کیا کرو۔ تمہیں ہر وقت مذاق سوجھتا ہے۔

سی بی　　: (اور بھی گھبراتے ہوئے) کچھ بتاؤ بھی!

موہن　　: کیا ہوا بھابی؟

نیلما　　: (ذرا سا مڑ کر دونوں کو سناتے ہوئے) میں کانتا سے بات کر رہی تھی کہ سرلا نے کال بیل بجائی۔ مجھے ڈسٹرب نہ کرنے کے خیال سے خانساماں اسے ادھر کے برآمدے میں لے گیا۔

سی بی　　: (سرلا کی طرف دیکھتے ہوئے) عجب احمق ہے۔

نیلما　　: (جیسے سرلا کو صفائی دیتے ہوئے) میں نے ہی کہا تھا کہ وہ مسز پلے آئے تو ادھر کے برآمدے میں بٹھانا۔ یہ سرلا کو ہی ادھر بٹھا آیا۔ فون رکھنے پر جب مجھے پتہ چلا تو میں بھاگی گئی۔ ابھی ٹھیک سے بیٹھی بھی نہ تھی کہ پاروتی سجی بجی رام ادھار کے

ساتھ کوٹھری سے نکلی اور میرے سامنے سے ہو کر گیٹ کی طرف۔۔۔

رام ادھار :باہر جائے کے دوسر کو نو رستہ ناہنا میم صاحب۔

نیلما :سوال دوسرے راستے کا نہیں۔ سوال یہ ہے کہ اس نے یہ کوٹ سلایا کیسے؟

(پھر کمرے میں گھومنے لگتی ہے۔)

رام ادھار :(صفائی دیتے ہوئے) میم صاحیب! پار بتی ناہیں۔۔۔

سی بی :کون سا کوٹ؟

نیلما :(پلٹ کر) تم نے کیا آنکھیں بند کر رکھی ہیں سی بی۔ (پاروتی کے پاس جا کر اس کے کوٹ کا دامن کھینچ کر شوہر کو دکھاتے ہوئے) یہ۔۔۔ یہ۔۔۔ یہ! دیکھتے نہیں، عین مین میرا والا کپڑا ہے۔ اسے یہ سلانے کی ہمت کیسے ہوئی؟

سی بی :تم نے پیسے دیئے تھے؟

نیلما :(بے طرح چڑ کر) تمہیں کیا ہو گیا ہے سی بی اس نے اپنے پیسے خرچ کئے ہوں تو بھی کیا اسی کپڑے کا کوٹ اسے سلانا چاہیئے، جو اس کی مالکن پہنتی ہے۔۔۔ کیوں سرلا۔۔۔ موہن؟

سرلا :(جیسے شاستروں میں لکھی ہوئی کوئی صداقت بیان کر رہی ہو) نوکروں کو اپنی اوقات میں رہنا چاہیئے۔۔۔

نیلما :اور کیا!

موہن :لیکن بھابی۔۔۔

رام ادھار :(صفائی دیتے ہوئے) میم صاحب پار بتی۔۔۔

نیلما :(جا کر جیسے ان کو اپنے وجود سے چھاتے ہوئے) میم صاب پاروتی۔۔

۔ میم صاب پاروتی۔۔۔ میم صاب پاروتی۔۔۔ کیا!۔۔۔ تیری یہ اوقات ہے کہ تو اپنی بیوی کو اپنی مالکن جیسا کوٹ پہنچائے۔ اسی کے بنگلے میں رہ کر!۔۔۔ دن تو سارا اس کا برتن مانجھنے، بچہ کھلاتے، کپڑے دھوتے گزرتا ہے، اور چلی ہے مقابلہ کرنے اپنی مالکن کا۔ (منھ بچکا کر) باندی بستیاں شہیتروں سے گل بہیاں۔

سی بی : محترمہ نیلما جی۔۔۔

موہن : (سمجھانے اور پھسلانے کے انداز میں) بھابی!۔۔۔

(لیکن نیلما نہیں سنتی، غصے میں کمرے کا چکر لگاتی ہے۔)

رام ادھار : میم صاحب! اسی خود دے ناہی سیائس۔۔۔

نیلما : (بیچ ہی سے مڑ کر) اس نے نہیں سلایا تو کیا آسمان سے ٹپک پڑا؟

رام ادھار : سیلا میم صاحب سیائے دہن۔

نیلما : کیا کہتے ہو۔ او سی ایم کا کپڑا اور این ایس احمد آباد کی لائننگ۔۔۔ دو سو روپئے تو کپڑے پر لگ جاتے ہیں اور شہلا نے اسے سلا دیا۔

رام ادھار : آپ کھانساماں کو بھیج کے پچھوائی لیؤ۔ پچھلا مہینہ جب آپ نوا کوٹ بنوائے رہن۔ ہم کہے رہے کہ ہجواری پران والا پاربتی کے دے دیؤ۔ تب آپ منع کر دہن کہ تینو برس ناہیں بھوااے کے سیائے۔

پاروتی : ہم سیلا میم صاحیب سے کہا کہ سردی آئے گئی با۔ کونو پران دھران کوٹ دے دیؤ۔ تب سیلا میم صاحیب کہن پران دھران کا، تے پہن تو نوا سلائے دیئی۔ ہم ناہیں چاہت تے پران دھران کوٹ پہن کے ٹکو بابا کے کھلاوت پھرے۔ اور بچہ کے جنم دن پر۔۔۔

نیلما : (گرج کر) اس نے تین سو کا کوٹ سلا دیا۔

رام ادھار : آپ کھانساماں کا بھیج کے پچھوائی لیو۔

نیلما : لیکن جب انھوں نے کپڑا پسند کیا تھا تو تم سے کہا نہیں گیا کہ اس کپڑے کا کوٹ میم صاحب پہنتی ہیں۔ آپ کوئی دوسرا لے دیجئے۔

پاروتی : اون کپڑے دکھائے ناہیں میم صاحب۔ درجی کے بلائی کے ناپ لے لیہن۔ اور کوٹ بن کے آئی تو پہرائی دہن۔

نیلما : تو جاؤ، اسے ابھی جا کر شہلا کو واپس کر کے آؤ۔

موہن : بھابی! اس میں اس بے چاری کا کیا قصور ہے؟

نیلما : قصور۔۔۔ اس کا کیوں نہیں ہے؟

سی پی : محترمہ نیلما جی! آپ زیادتی کرتی ہیں۔

نیلما : تم چپ رہو سی پی۔۔۔ جو بات تم نہیں سمجھتے اس میں ٹانگ مت اڑاؤ۔

موہن : لیکن بھابی! یہ کوٹ واپس دینے جائے گا تو اس میں شہلا کی بے عزتی نہیں ہو گی۔

نیلما : یہی تو میں چاہتی ہوں۔

سی پی : لیکن۔۔۔

نیلما : (غصے سے) تم یہ نہیں سمجھتے کہ پاروتی یہ کوٹ پہنے گی تو میں کیسے پہن سکتی ہوں۔ تم ہی نے اسے اتنی لفٹ دے رکھی ہے کہ آج یہ میرے مقابلے پر آ کھڑی ہوئی ہے۔ اسے میرے بنگلے میں رہنا ہے تو اسے کوٹ ابھی اسی وقت جا کر واپس کرنا ہو گا۔

پاروتی : ہم تو میم صاحب کہے رہے سیلا میم صاحیب سے کہ ہم گریب متئی ہئی

سرکار، برتن بھانڈا کرت ہے، اتنا مہنگا کوٹ ناہیں پہر سکت۔ میم صاحیب بولیں: نوکر مالک میں کونو پھرک ناہیں۔ کل تور تین لاکھ کی لاٹری نکل آوے تو کاتے برھیا کوٹ نہ سلوائے لیبے۔ تے محنت کرت ہے۔ کونو کھیرات ناہیں پاوتے۔ ٹکو بابا کے ساتھ جاوا کرتوا لے ہی ہی کوٹ پہرا کر۔ ہم لاکھ کہا میم صاحیب لیکن او ایکو نہ سنائن۔۔۔ ہم ابھن ٹکو بابا کے ہی کھلاوے جات رہے۔

نیلما : تو جاؤ، انھیں کے گھر جا کر رہو۔

(نہ پاروتی ہلتی ہے نہ رام ادھار۔ ایک لمحے کی خاموشی)

نیلما : (زور سے چلا کر) تم تو یہ کوٹ واپس نہیں کرو گی (دونوں میں کوئی نہیں ہلتا) رام ادھار! میں نے تم سے پہلے ہی کہا تھا کہ پاروتی سامنے کے بنگلے کا کام نہیں چھوڑ سکتی تو تم یہاں نہیں رہ سکتے۔ تم دونوں اسی وقت میرا بنگلہ خالی کر دو۔ جاؤ۔۔۔ جاؤ (پاروتی تذبذب میں ہے) جاؤ۔۔۔

رام ادھار : چلو پاربتی۔

(اچانک رام ادھار بڑھ کر اس کا بازو پکڑتا ہے اور اسے لے جاتا ہے۔)

نیلما : (اس وقت جب وہ دروازے میں ہی ہوتے ہیں) اور سی بی تم نے اس احسان فراموش کو اگر کل دفتر سے نہ نکالا تو مجھ سے برا کوئی نہ ہو گا۔

سی بی : میں نے تمہارے ہی زور دینے پر اسے رکھا تھا (کندھے جھٹکاتے ہوئے) تم کہتی ہو تو کل نکال دوں گا۔ لیکن سوچ لو۔ آج کلاس فور کے افسر۔۔۔ یعنی یہ چپراسی۔۔۔ اپنے آپ کو کلاس ون کے افسروں سے کم نہیں سمجھتے۔ رام ادھار جیسا بھلا چپراسی جلدی میں نہیں مل سکتا۔

نیلما : میں اور اب کچھ برداشت کر سکتی ہوں لیکن احسان فراموشی

برداشت نہیں کر سکتی۔ اک دم بیکار اور بھوکا مرتا تھا۔ جب میں نے کالج میں اسے نوکری دی تھی۔ پھر جب اس کی نوکری چھوٹ گئی اور یہ کناٹ پلیس میں۔۔۔

سی بی :لیکن محترمہ نیلما جی، وہ صبح سے رات گیارہ بجے تک ہماری خدمت اسی لئے تو کرتا ہے۔ صبح سویرے اٹھ کر ایک میل جا کر وہ بھینس کا دودھ دوا کر لاتا ہے۔ مارکیٹ میں جا کر سبزی ترکاری لاتا ہے۔ کمرے صاف کرتا ہے۔ مہمان آ جاتے ہیں تو گیارہ گیارہ بجے رات بیرے کا۔۔۔

نیلما :مجھ سے بحث مت کرو سی بی اس نے میری بات نہیں مانی اور وہ میرے بنگلے میں نہیں رہ سکتا۔

موہن :لیکن بھابی اتنے دن ان لوگوں نے آپ کی خدمت کی ہے۔ مکان پڑے ہوئے نہیں ملتے۔ یہ کہاں جائیں گے۔ بے چارے۔۔۔

نیلما :میری طرف سے جہنم میں جائیں۔ ایسے احسان فراموشوں کو میں اپنے بنگلے میں نہیں رہنے دوں گی۔

سرلا :(سی بی سے) نیلما ٹھیک کہتی ہے بھائی صاحب۔ جب شہلا سے اس کی ٹھن گئی ہے تو اگر آپ کو نوکر یا اس کی بیوی اس کے ہاں کام کرتے ہیں تو سمجھئے اس کا ایک جاسوس دن رات آپ کے ہاں رہتا ہے۔ پھر سرکاری نوکری بھائی صاحب آج کل گری پڑی نہیں مل جاتی۔ بی اے، ایم اے پڑھے چپراسی ہونے کے لئے مارے مارے پھرتے ہیں۔ دو مہینے بے کار رہے گا تو آٹے دال کا بھاؤ معلوم ہو جائے گا اور پھر آ کر آپ کے پاؤں پر سر رگڑے گا۔

(خانساماں کچن سے تیز تیز داخل ہوتا ہے۔)

خانساماں :صاحب وہ رام ادھار اور پاربتیا اپنا سارا سامان اٹھا کر سامنے کے بنگلے

میں جا رہے ہیں۔

نیلما : (غصے اور حیرت سے) کیا۔۔۔!

خانساماں : رام ادھار کہتا گیا ہے کہ میم صاب ہماری نوکری لیوا چاہت ہیں۔ ہماری نوکری کی کونو کمی نا ہیں نا۔

سرلا : (اکدم اٹھ کر) میں کہتی ہوں یہ سب شہلا کی سازش ہے۔ اس کا خانساماں دیس جا رہا ہے۔ اسے یقیناً رام ادھار کی ضرورت ہوگی اور اس نے۔۔۔

موہن : چناؤ سر پر ہے۔ بھابی آپ نے نوکروں کو نکال کر اچھا نہیں کیا۔ نہ جانے یہ ساری لوکیلیٹی میں کیا کیا کہتے پھریں گے۔۔۔

سی بی : محترمہ نیلما جی، مجھے تو ایسا معلوم ہوتا ہے کہ تمہاری پڑوسن نے صرف ایک گرم کوٹ سلوا کر تمہارے دونوں نوکر چھین لئے۔ میں نہ کہتا تھا کہ۔۔۔

نیلما : (غصے سے بے قابو ہو کر) تم چپ رہو سی بی! تم چپ رہو!

(لاچار سی ہو کر کرسی میں دھنس جاتی ہے۔ اچانک سی بی کی نظر پانی کے گلاس پر جاتی ہے۔ وہ چپ چاپ گلاس اٹھا کر پانی پینے لگتے ہیں۔ جب فوراً پردہ گرتا ہے۔)

* * *